OBEN: *Sieg der Tugend über das Laster. Skizze von Parmigianino (Giro-
lamo Francesco Maria Mazzola), Florenz, Italien, um 1520.*

Titel der Originalausgabe: *Ethics. The Art of Character*

© 2023 Librero IBP (für die deutschsprachige Ausgabe)
www.librero-ibp.com

Konzept und Design © 2018 Wooden Books Limited
Text © 2018 Gregory Beabout und Mike Hannis
Mit Zustimmung von Alexian Limited veröffentlicht

Produktion der deutschsprachigen Ausgabe:
Print Company Verlagsges.m.b.H., Wien
Übersetzung: Peter Simon, Wien

Printed in India

ISBN: 978-94-6359-646-6

Der Richtigkeit und Vollständigkeit der Informationen in diesem Buch wurde größte
Sorgfalt gewidmet. Sollte unabsichtlicherweise dennoch ein Urheber nicht angegeben sein,
werden wir dies nach Kenntnisnahme in der nächsten Ausgabe berichtigen.

# ETHIK

## DIE KUNST DES CHARAKTERS

*Gregory R. Beabout & Mike Hannis*

**Librero**

*An unsere Eltern*

*Mit besonderem Dank an Cindy und meine Familie und an meine guten Freunde, mit gutem Charakter: Chuck, George und Michael. Danke auch an John Martineau für seine geduldige Beharrlichkeit und Kreativität bei Bearbeitung und Layout. Vielen Dank an Paul Taylor und das Warburg Institute, London, für den Zugang zu ihrer wunderbaren Bildersammlung. Die Cartoons sind von Cartoonstock.*

*Empfohlene klassische Texte: Platon,* Der Staat; *Aristoteles,* Nikomachische Ethik; *Augustinus,* De civitate Dei, Buch XIX; *Thomas von Aquin,* Summa Theologiae; *John Stuart Mill,* Utilitarismus; *Kant,* Grundlegung zur Metaphysik der Sitten; *Alasdair MacIntyre,* After Virtue; *Julia Annas,* Intelligent Virtue. *Gordon Marino,* Ethics: The Essential Writings. *Zur angewandten Ethik siehe Alejo Sison,* Happiness and Virtue Ethics in Business; *Edmund Pellegrino,* The Virtues in Medical Practice; *Patrick Curry,* Ecological Ethics *2nd ed.).*

OBEN *und Titelseite: Temperantia, die Mäßigkeit, umgeben von den sieben freien Künsten; im Uhrzeiger-sinn von unten links: Arithmetik, Musik, Rhetorik, Astronomie, Geometrie, Logik und Grammatik. Stich von Philips Galle [1537–1612] nach einer Originalzeichnung von Pieter Bruegel dem Älteren [1525–1569].*

# INHALT

OBEN: *Tugend, gefolgt von Torheit und Ruhm. Stich von Giulio Bonasone [1498–1580],*
*Bologna, Italien. Mit freundlicher Genehmigung des Warburg Institute, London.*

# EINLEITUNG

ETHIK KANN MAN NICHT aus Büchern lernen. Ehrlichkeit lernt man, wenn man übt, die Wahrheit zu sagen. Gerechtigkeit lernt man, wenn man gerecht handelt. Dasselbe gilt für Großzügigkeit, Mut, Freundlichkeit, Geduld und alle anderen Tugenden. Das gilt für jedes erstrebenswerte komplizierte menschliche Unterfangen. Klavierspielen lernt man durch Klavierspielen. Basketball lernt man durch Üben mit Ball und Korb. Um ein Autofahren zu lernen, musst man sich ans Steuer setzen.

Wenn Lernen mit Übung einhergeht, warum gibt es dann Lehrbücher? Ist Ethik nicht etwas völlig anderes als Kompetenzerwerb? Man kann perfekter Basketballspieler oder Autofahrer sein, ohne ethisch zu sein. Ein Arzt hat die Fähigkeit zu heilen oder zu verletzen, und wer geschickt in Grammatik, Logik und Rhetorik ist, kann inspirieren oder manipulieren. Die Fähigkeit, Wörter zu verwenden, ob auf Papier, im Kopf oder beim Sprechen, scheint völlig getrennt von der Ethik zu sein. Oder nicht? Wer Fertigkeiten in irgendeinem Bereich entwickelt, wird irgendwann mit der Frage des tieferen Sinnes konfrontiert. Wie soll er seine Fähigkeiten anwenden? Welche Ziele sind richtig?

Die alten Griechen verwendeten den Begriff Ethik bei der Debatte, wie man ein gutes und lohnendes Leben führt. Ihre Argumente über die Kunst des Charakters zu verfolgen und die Geschichte der Moralphilosophie zu lernen, wird Sie nicht ethisch machen. Sicherlich wird das Lesen dieses kleinen Buches über das gute Leben Sie nicht reicher oder dünner oder sexyer machen. Es könnte Ihnen jedoch auf Ihrer Reise helfen, sich der authentischen und uralten Aufgabe der Ethik zu nähern, ein schönes Leben zu schaffen.

# WAS IST ETHIK?
## *So, so nicht*

ETHIK IST EIN ALTER BEGRIFF aus dem Griechischen. Der Philosoph Aristoteles [384–322 v. Chr.] stellte fest, dass *ethike* im Grichischen komplexe und mehrdeutige Bedeutungen hat. Die beiden grichischen Buchstaben – *eta* und *epsilon* – ähneln dem deutschen *e* (das *ê* in *eta* ist etwas länger als in *epsilon*), und die griechischen Wörter *ethike* und *ethos* können mit beiden griechischen *e* ausgesprochen werden, was ihre Bedeutung geringfügig verändert.

In der einen Aussprache bezieht sich *ethos* auf ein Gebäude, in dem Tiere gehalten werden. In Homers *Ilias* bezeichnet das Wort *ethos* einen Pferdestall. Pferde, die weglaufen, neigen dazu, (irgendwann) an diesen sicheren, stabilen Ort zurückzukehren. Anders ausgesprochen ist *ethos* ein Charakterzug, und bezeichnet eine zuverlässige und stabile Persönlichkeit. Unter außergewöhnlichen Umständen kann man auch anders handeln, aber im Allgemeinen ist *ethos* stabil, sowohl im individuellen Leben, als auch in der Gesellschaft.

Ein ausgezeichneter Charakterzug (*ethike arête*) ist eine erworbene Qualität, die eine Person »hat«. Die Römer übertrugen die Idee des Charakterzugs ins Lateinische, als *habitus*, die exzellente Person »hat es«. Im Deutschen verschob sich die Bedeutung und wir verbinden Habitus mit gewohnheitsmäßiger Routine. Das meinten die Alten überhaupt nicht. Ethisch zu sein bedeutete, sein Leben so zu gestalten, dass man durch gezieltes exzellentes Handeln jene Eigenschaften von Charakter und Intellekt bestätigt und festigt, die eine lohnende und schöne menschliche Existenz ausmachen.

Im Dialog mit Sokrates, bringt der Feldherr Laches die Ambivalenz zum Ausdruck, die wir empfinden, wenn wir über »Ethik« reden:

> *Wenn ich nämlich über die Tugend oder über irgend eine Art der Weisheit einen Mann*
> *reden höre, der wirklich ein Mann ist und der Reden wert, welche er spricht, dann*

Kant meinte einmal, dass zwei Dinge ihn am meisten in Staunen und Ehrfurcht versetzten, der Sternenhimmel über und das moralische Gesetz in ihm. Menschen setzten sich lange um das warme Glühen eines gemeinsamen Feuers zusammen, um Geschichten über Heimsuchung und Wahrheit auszutauschen, die Licht auf die ewigen Fragen warfen: Wohin gehen wir? Warum? Was macht ein gutes Leben aus? Wie lebt ein Mensch gut?

Viele alte Geschichten geben Ratschläge für Überleben und menschliche Beziehungen. Die Charaktere sind vertraut: mächtige Helden, die schöne, eitle Mutter, der schwache König, unzertrennliche Brüder, eine eifersüchtige Frau, der freundliche, sanfte Hirte, der hitzköpfige Kämpfer usw. Wir treffen ähnliche Charaktere in Fabeln, Märchen und Volksliedern. Sie bieten eine Orientierung für das soziale Leben. »Sei dir dessen bewusst; sei wie der; nicht wie jener.«

In ursprünglichen Kern geht es in der Ethik nicht primär um Worte oder Theorien, Wissen oder Regeln. Sie ist die Kunst des Charakters. Reflexion über die Kunst des Charakters und die Anforderungen des Gewissens beginnt mit den Charakteren, die wir aus Gutenachtgeschichten kennen, und mit dem Staunen, das vom Blick in den Himmel kommt.

# CHARAKTER UND GESETZ
## *Tugend oder Regeln?*

Viele alte Gelübde, wie der hippokratische Eid (*siehe S. 49*), beinhalten das Versprechen, nach »bestimmten Charakterzügen« zu leben Im Gegensatz dazu verweisen zeitgenössische »Ethikcodes« eher auf bestimmte Handlungen als auf das gesamte Leben und den Charakter einer Person und werden fast immer als »bestimmte Verhaltensregeln« formuliert."

Die Begriffe „Ethik" und „Moral" haben eine komplizierte Geschichte. *Ethos* und *Ethik* im Griechischen beziehen sich auf Charakter, nicht auf Regeln; Cicero übersetzte sie ins Lateinische als *moralis*. Bis zur Renaissance konzentrierten sich die Studien der Ethik oder Moral auf die Charakterbildung und -entwicklung. In der europäischen Aufklärung begannen die Philosophen, die moralische Debatte auf Handlungen zu beschränken, mit dem Ziel, die rationale Grundlage für die Bestimmung des richtigen Handelns zu finden, später mit Schwerpunkt entweder auf Nützlichkeit oder Pflicht (*siehe S. 43–45*).

Im frühen 20. Jahrhundert ging der wissenschaftliche Diskurs über normative Ethik (die Frage, welches Handeln richtig oder falsch ist) und über Metaethik geführt (theoretische Fragen über die Bedeutung moralischer Begriffe, die Natur moralischer Urteile und ob diese rational vertretbar seien).

Auch die antike Welt hatte Regeln. Der Kodex des Hammurabi enthielt 282 Gesetze, darunter viele, die heute problematisch erscheinen, wie

Bula

„Sind Sie in der Lage, Recht von Unrecht zu unterscheiden?"

„Können Sie mir einen Tipp geben?"

»Auge um Auge, Zahn um Zahn«.
Bestimmte Passagen ähneln dem
mosaischen Gesetz und Regeln, die
von Hethitern, Assyrern und anderen
aufgestellt wurden. Sie verbieten und
verordnen Verhalten in Bezug auf
Handel, Diebstahl, Töten, Verleum-
dung, Verteilung von Lebensmitteln,
Pflichten der Arbeiter u.s.w.

Probleme entstehen, wenn Ethik nur
als Regelwerk gesehen wird. Das Leben

**KEIN** Fluchen
**KEIN** Anschreiben    **KEIN** Singen
**KEIN** Rauchen
**KEINE** Handys    **KEIN** Darts

„Wann ist die Happy Hour?"

ist komplex, daher kann keine Regel spezifisch genug sein, alle Umstände
abzudecken. Ein regelbasierter Ansatz kann die Suche nach Schlupflöchern
und »Ausnutzen des Systems fördern. Regeln können in widersprüchlich
sein und oft Interpretation erfordern. Wenn Ethik nichts anderes ist als Regeln, dann werden weitere Regeln benötigt, um zu entscheiden, was zu tun
ist, wenn Konflikte zwischen Regeln auftauchen. Das verdeutlicht, warum
es besser ist, Ethik in erster Linie als Thema des Charakter zu verstehen.
Handlungen, auch jene, Regeln zu befolgen, formen den Charakter.

> *Das Gesetz schreibt vor, was eine mutige Person tun soll (zum Beispiel, dass ein Sol-
> dat nicht aus den Reihen ausbrechen oder flüchten darf), oder eine gemäßigte Per-
> son (zum Beispiel, keinen Ehebruch oder mutwillige Aggression begehen) und eine
> sanfte Person (zum Beispiel niemanden schlagen oder beschimpfen). Wohlgeformte
> Gesetze schreiben einige Dinge vor und verbieten andere.* – Aristoteles[1129b19-21]

Ethik heißt, das gute Leben zu lernen. Sie soll jene Eigenschaften entwickeln und fördern, die notwendig sind, zu gedeihen, guten Gesetzen zu
folgen und zu lernen, zwischen Gut und Böse zu unterscheiden.

# SOKRATES
## *scharfe Kritik*

---

Als junger Mann studierte Sokrates [470-399 v. Chr.] die natürliche Welt, um Erde und Himmel zu verstehen. Später verlagerte er seinen Schwerpunkt. Die logischen Methoden der rationalen Argumentation, die er von den »Naturphilosophen« lernte, wandte er auf die Frage an, wie man ein ausgezeichnetes Leben führen könne.

Platon erzählt, dass diese Veränderung eintrat, nachdem Sokrates' ungestümer Freund Chaerephon die Prophetin Pythia gefragt hatte, ob jemand weiser sei als Sokrates. Herausgefordert von der Antwort, dass es »keinen Klügeren« gäbe, machte sich Sokrates auf die Suche nach einem Klügeren, um Rhetoriker, Politiker und Schriftsteller zu treffen. Er fand viele von ihnen voller Unwissenheit, stellte ihnen peinliche Fragen (wobei er sich selbst als Dummkopf bezeichnete) und entlarvte diejenigen, die behaupteten zu wissen, obwohl sie nicht wussten.

*Der unter euch ist der Weiseste, der weiß, dass sein Wissen in Wahrheit nichts zählt.* – Sokrates, zugeschrieben von Platon [*Apologie 23b*]

Seine scharfen Angriffe waren ein Ärgernis, so dass Anklage gegen ihn erhoben wurde. In seinem Prozess verteidigte er sich, indem er die Stadt Athen mit einem Rennpferd verglich, das träge geworden war, bis es durch seine Fragen wach wurde. Er ermahnte seine Mitbürger, sein Streben nach Tugend nachzuahmen und tugendhaft nach einem besseres Leben zu streben.

Sokrates entdeckte das, was jeder denkende Erwachsenen erkennen kann: Das Streben nach authentischem Selbstverständnis beinhaltet das Erkennen der eigenen Grenzen. Er sah den Dialog als Teil eines Lebens

*OBEN: Sokrates, der Gottlosigkeit und der Verführung der Jugend schuldig gesprochen, folgt seiner Regel des Gehorsams gegenüber dem Gesetz und vollzieht seine eigene Hinrichtung durch Trinken des Schierlingsbechers*

der ehrlichen Selbstprüfung, um sich und seine Gemeinschaft zu verbessern. Den Blick auf die Sterne zu richten, erfordert Konzentration, aber es ist schwieriger, aufmerksam in die Seele zu schauen. Die meisten von uns blinzeln und schauen weg.

Die Dichter, Politiker und Rhetoriker, die Sokrates verklagten, waren besorgt dass seine Fragen und Kritik die sozialen Institutionen destabilisieren könnten, die für ihre Macht und ihr Prestige wichtig waren. Die drei Ankläger waren Teil der neuen Klasse der »Wissensarbeiter« im goldenen Zeitalter Athens, Meister des Wortes, Experten in einer Fähigkeit, die als entscheidend für den Erfolg galt. Sokrates vermutete, dass es Ihnen mehr um Reichtum und Macht ging als um Charakter, Gewissen und Gemeinwohl.

**Das ungeprüfte Leben ist nicht lebenswert.** – Sokrates, zugeschr. von Platon [*Apologie* 37e]

Sokrates zu verstehen ist nicht schwer, zu leben wie Sokrates sehr wohl.

7

# PLATONS HÖHLE
## Schatten und Licht

Sokrates hinterließ keine schriftlichen Werke, aber seine Anhänger führten die Aufgabe der *paideia* fort, der moralischen und kulturellen Bildung jener Athener, die sich auf Führungsaufgaben vorbereiteten. Einer von ihnen, Isokrates [436–338 v. Chr.], wird manchmal als Vater der humanistischen Bildung bezeichnet, weil seine Schule Grammatik, dialektisches Denken und Rhetorik als Disziplinen betonte, die in der Sprache herausstechen und tugendhafte Seelen formen sollten. Isokrates lehrte, dass gutes Sprechen (*eu legein*) mit gutem Handeln (*eu prattein*) einhergeht, und hoffte, dass seine schön verfassten Reden die politische Bildung fördern würden.

In Rivalität zur Schule des Isokrates stand die von Platon [428–348 v. Chr.] gegründete Akademie. Aus Platons Schule sind keine Lehrwerke überliefert. Doch wir haben wir Dialoge, darunter Platons meisterhafter Klassiker, Der Staat, in dem Sokrates in einem langen Gespräch einen Plan zur Erziehung einer gerechten Seele darstellt. In einem der berühmtesten Abschnitte, dem »Höhlengleichnis«, präsentiert Sokrates, das, was er eine „»Parabel von der Erziehung der Seele« nennt.

> *Stelle dir Menschen vor, die von Kindheit an immer in einer Höhle lebten, gefesselt, so dass sie nur in eine Richtung blicken können, auf Bilder an einer Wand.* – Platon [514a]

Ein Gefangener wird freigelassen. Er dreht sich um, sieht Figuren und dahinter ein Feuer. Als er erkennt, dass er auf Schatten starrt, steigt er zum ersten Mal aus der Höhle auf, wo er vom Licht der Welt überwältigt wird. Als er nach unten schaut, bemerkt er Schatten auf dem Boden. Während seine Augen sich anpassen, ist er in der Lage, nach oben zu blicken und echte Pflanzen und Tiere zu beobachten, dann den Mond

*OBEN: Platons Höhle. Eine Laterne wirft Schatten von Figuren an eine Wand. Gefangene, die im Dunkeln leben, sehen nur die Schatten an der Wand und verwechseln sie mit echten Dingen. Auch die Philosophen unter der Laterne sind vielleicht nur Schatten, die von einem größeren Licht geworfen werden.*

und die Sterne, bis er schließlich das überwältigende strahlende Licht der Sonne erblickt. In der Erkenntnis, dass sein Leben in der Höhle eine schattenhafte Gefangenschaft in Illusionen gewesen war, fühlt er sich gezwungen, zurückzukehren, um seine Freunde in der Welt der Schatten zu erleuchten. Das geht natürlich nicht gut.

Die Kunst, eine Seele zum höchsten Gut zu führen, beinhaltet nach Platon die Schaffung von Bedingungen für eine Veränderung der Perspektive, aus der schattenhaften Welt der Erscheinungen (zu der man von der unsteten Anziehungskraft von Reichtum, Vergnügen und Macht hingezogen wird) zu einer immer tieferen, durchdringenderen, erleuchteten Vision des »ewig festen Ziels«, des höchsten Gutes.

> Der Weg nach oben ist der Aufstieg der Seele. Was man gerade noch erkennen kann, ist die Idee des Guten. – Platon [517b]

9

# NIKOMACHISCHE ETHIK
## *Charakterbildung*

---

Der wichtigste Ethik-Text, der jemals veröffentlicht wurde, ist gar kein Buch. Aristoteles' Nikomachische Ethik [um 330 v. Chr.] wurde seit Jahrtausenden untersucht, aber es gibt keine zuverlässige Darstellung ihrer Entstehungsgeschichte. Höchstwahrscheinlich basiert der Text auf Vorlesungsunterlagen, die schon zu Lebzeiten Aristoteles' modifiziert wurden. Wenn ja, ist es, wie Alasdair MacIntyre bemerkte, »das brillanteste Vorlesungsskriptum, das jemals geschrieben wurde«.

Antike Quellen deuten darauf hin, dass »Nicomachus« der Name von Aristoteles' Sohn war, dem der Text möglicherweise gewidmet war. Vielleicht spielte er auch eine redaktionelle Rolle und brachte die Vorträge in Buchform.

Aristoteles sagt, die Vorlesung sei »nicht für einen jungen Mann geeignet«. Er wendet er sich an eine im Person mit Lebenserfahrung, einen Zuhörer, der bereit ist, eine Führungsrolle in einer Gemeinschaft zu übernehmen. So jemand war wahrscheinlich gebildet, mit dem Wunsch, dem Gemeinwohl zu dienen und sich bewusst, was es heißt, ein schönes, bedeutungsvolles Leben zu führen. Es ist kein Buch für Theoretiker.

> *Die vorliegende Untersuchung zielt nicht auf theoretisches Wissen ab, denn wir fragen nicht, was das Gute ist, sondern wie man gut wird.* – Aristoteles [1103b27]

Zwanzig Jahre lang war Aristoteles Schüler und dann Lehrer an Platons Akademie, wo er sich auf Rhetorik konzentrierte. Nach Platons Tod verließ Aristoteles Athen, um biologische Feldstudien auf griechischen Inseln durchzuführen, Pflanzen- und Tierproben zu sammeln und zu kategorisieren. Vor diesem Hintergrund kann die nikomachische Ethik als

»Bestimmungsbuch« des menschlichen Charakters gelesen werden. Aristoteles zielt darauf ab, in seinem Zuhörer jene Eigenschaften von Charakter und Intellekt zu fördern, die notwendig sind, um als Mitglied der menschlichen Spezies zu gedeihen. Wie Aristoteles bemerkte, ist der Mensch ein *zōon politikon*, ein sprechendes Tier, dessen Lebenskräfte nicht durch bloßen Instinkt, sondern in der Gesellschaft durch die Entwicklung der Sprache und die Verwirklichung rationaler Kräfte der Überlegung, des Urteils und des verantwortlichen Handelns verwirklicht werden. Dementsprechend ist der Held von Aristoteles Geschichte eine Person praktischer Weisheit.

Die nikomachische Ethik enthält auch eine Sammlung vertrauter Charaktere: den Prahler, den Zyniker, den Flegel, den Clown, den Feigling, den Unbedarften, den Großzügigen, den Vielfraß, den Narren, den Sanften, den Hitzkopf, den Ungerechten, den Schamlosen und viele andere.

Wenn wir Aristoteles folgen wollen, sollten wir darüber nachdenken, von welchen Charakterzüge wir uns trennen sollten und welche für ein schönes, wertvolles Leben unerlässlich sind.

OBEN: *Darstellung von Shakespeare-Charakteren, die eine Reihe von Charaktereigenschaften repräsentieren. Welche dieser Eigenschaften sollten wir behalten von welchen uns trennen? London, 1769.*

# VERANTWORTUNG ÜBERNEHMEN
## *Vorstufen der Tugend*

In der Nikomachischen Ethik wendet sich Aristoteles an einen Zuhörer, der eine Person mit Urteilsvermögen und guter Bildung ist und erkennen kann, welche Art von Wissen für einen bestimmten Kontext passt.

> *Es ist das Kennzeichen eines gebildeten Menschen, in allen Dingen nach Präzision zu suchen, so weit die Natur der Sache es zulässt; es ist wohl ebenso töricht, Vermutungen von einem Mathematiker zu akzeptieren, wie von einem Rhetoriker wissenschaftliche Beweise zu verlangen.* – Aristoteles [1094b25]

Das Thema Ethik setzt einen engagierten Menschen voraus, der für sein Handeln, seine Charakterbildung und sein Leben verantwortlich ist. Unser Handeln ist uns überlassen, zumindest zeitweise und teilweise; und obwohl jeder von uns durch seine Biologie und Erziehung in eine bestimmte Richtung geführt wird, hängt unsere Charakterentwicklung auch von unseren willentlichen Handlungen und bewussten Entscheidungen ab.

Wir neigen dazu, Menschen für ihre willentlichen Handlungen zu loben und zu verurteilen, während wir Sympathie und Mitleid für unfreiwillige Taten empfinden, die aus Gewalt oder Mangel an Wissen resultieren können. Gewalt kann physisch sein: »Ich trat auf den Zeh, weil der Wind so stark wehte«, oder psychisch: »Ich musste so handeln, weil ich bedroht wurde«. Mangel an Wissen einen besonderen Fall betreffen: »Ich wusste nicht, dass ich deinen Apfel gegessen habe«, oder Prinzipien: »Man hat mir nie gesagt, dass es falsch ist, die Äpfel anderer Leute zu essen.« Solche Unwissenheit ist nur entschuldigbar, wenn sie unfreiwillig ist, und schuldhaft, wenn sie aus mangelnder Sorgfalt kommt.

Entscheidungen formen den Charakter. Jede Entscheidung, die eine Person trifft, ist ein freies, überlegtes Urteil darüber, was hier und jetzt zu tun ist, ein Tun, dem man sich verpflichtet fühlt. In Fällen, in denen das Ergebnis unbestimmt oder ungewiss ist, ist Überlegung erforderlich, die die Aufmerksamkeit auf relevante Besonderheiten, andere Perspektiven und Prinzipien und Zwecke lenkt.

Ein ungesundes Leben zu führen wird zu Krankheit führen, auch ein Charakter »krank« werden, wenn man gierig, egozentrisch oder gedankenlos handelt. Wir sind für unser Handeln und den Zustand unseres Charakter verantwortlich. Tun und Nicht-Tun hängen von uns ab. Durch jede Entscheidung, durch jedes Ja oder Nein sind wir selbst dafür verantwortlich, wer wir werden.

OBEN: *Burg der Tugend, Italien, 16. Jh. Tugenden müssen entfaltet und beschützt werden.*

13

# GLÜCK
## *und das gute Leben*

---

Was macht ein gutes Leben aus? Arme denken dabei an Geld; Kranke an Gesundheit. In unserer Konsumgesellschaft bedeutet Glück zu bekommen, was man will und wann man es will. Es wird daher als psychischer Zustand angesehen, der »passiert«, wenn unsere Wünsche erfüllt werden.

*Die Menschen schöpfen ihre Vorstellungen von Glück und gutem Leben aus ihren eigenen Lebenserfahrungen.* – Aristoteles [1095b15]

Für die klassischen Philosophen war die Frage »Was ist *eudaimonia*?« – oder lateinisch, »Was ist *beatitudo*?« – von größter Wichtigkeit. Es geht dabei nicht um die kurzfristigen Erlebnisse der Freude des Augenblicks, sondern um das Glück, das sich als Geschichte des ganzen Lebens in vielen Kapiteln entfaltet.

*Das höchste Ziel des menschlichen Handelns ist eudaimonia, Glück im Sinne eines guten Lebens.* – Hannah Arendt

So gesehen ist Glück ein Ziel, das an sich wünschenswert ist, nicht um etwas anderes willen. Menschliches Streben steht oft im Dienste höherer Ziele, und selbst wenn sie sich des Motivs nicht ganz bewusst sind, handeln Menschen oft auf ein Ziel hin. Aristoteles meint, dass Glück als höchstes Ziel nicht so etwas wie eine Trophäe für den Sieger, sondern das Resultat der Selbstverwirklichung unseres ganzen Lebens ist.

*Der ist glücklich, der in Übereinstimmung mit vollständiger Tugend lebt und ausreichend mit äußeren Gütern ausgestattet ist, nicht für einen Augenblick, sondern für ein ganzes Leben.* – Aristoteles [1101a10]

Glück ist also nicht einfach Wunscherfüllung; *Eudaimonia* ist ein florierendes Leben im Wohlbefinden, zum Besten der Menschheit und des Individuums. Das wirft eine Reihe von Fragen auf:

- Welche Charaktereigenschaften bestimmen ein glückliches Leben?
- Was gilt als Tugend, nicht nur in der Gesellschaft, sondern in einem menschlichen Leben?
- Wie unterscheidet sich Tugend vom Laster?

Das Rätseln über diese Fragen folgt einem Verständnis von Glück und Wohlbefinden und bringt uns unserem ultimativen Ziel näher:

*Da Glück eine Aktivität der Seele in Übereinstimmung mit vollständiger Tugend ist, müssen wir die Natur der Tugend betrachten, was uns vielleicht helfen wird, die Natur des Glücks besser zu sehen.* – Aristoteles [1102a1]

OBEN: *Glück als Hochzeitsfest, Wenceslas Hollar [1607–77], nach Pieter Bruegel dem Älteren.*

# ZWEI VERSCHIEDENE ZIELE
## *Handeln und Resultat*

Aristoteles beginnt die *Nikomachische Ethik*, indem er eine Unterscheidung zwischen zwei Arten von Zielen trifft.

> *Die einen sind Handlungen, die anderen Produkte von Handlungen.* – [1094a3]

ZWECKBESTIMMTE TÄTIGKEITEN zielen auf ein bestimmtes Ergebnis: Ein Zimmermann baut, um ein Haus zu errichten, die Pinselstriche eines Malers dienen dazu, ein Gemälde fertigzustellen.

AUTOTELISCHE TÄTIGKEITEN erfolgen hingegen um ihrer selbst willen, wegen eines inneren Zwecks: Das Ziel des Tänzers ist das Tanzen. Zu autotelischen Tätigkeiten gehören Spiele, die um des Spieles willen gespielt werden und Energie und persönliche Leidenschaft entfachen.

> *Das Spiel ist ein einzigartig adaptiver Akt, der keinem anderen adaptiven Akt untergeordnet ist, sondern eine eigene Funktion in der menschlichen Erfahrung hat.* – Huizinga, Homo Ludens

> *Das Geheimnis des Kletterns ist das Klettern. Man erreicht den Gipfel eines Berges, froh, dass es vorbei ist, wünscht aber, es würde für immer weitergehen. Die Rechtfertigung des Kletterns ist das Klettern, die Rechtfertigung der Poesie das Schreiben ...* – Csikszentmihalyi, Flow

Die beiden Ziele werden in Alasdair MacIntyres Geschichte eines Kindes illustriert, das durch Süßigkeiten zum Erlernen des Schachspiels gebracht werden sollte, aber schließlich durch interne Ziele wie analytische Fähigkeiten, strategische Vorstellungskraft und Wettbewerbssituation motiviert wird. Die Beherrschung jeder sozialen Praxis bedingt eine Verschiebung von bloß ergebnisorientierten Zielen zu einer Passion für leistungsorientierte Ziele. Die Forschung legt nahe, dass diese Verschiebung die Integrität des Charakters stärkt. Der Psychologe Martin Seligman identifiziert fünf Elemente, die für das menschliche Wohlbefinden entscheidend sind:

> P–positive Emotion, E–Engagement, R–Relationship (Beziehungen), M–Meaning (Sinn) und A–Accomplishment (Leistung) sind die fünf Elemente dessen, was freie Menschen tun. – Martin Seligman, Flourish

Darauf aufbauend beschreibt Mihaly Csikszentmihalyi (*siehe Zitat gegenüber*) die optimale menschliche Erfahrung ähnlich wie Aristoteles die *Eudaimonia*: eine Musikerin, die sich in ihrer Musik verliert, ein Athlet, der in einem intensiven Wettbewerb voll präsent ist, oder ein Wissenschaftler, der sich mit der Erforschung eines komplexen Problems beschäftigt. Bei diesen Menschen sind Fähigkeiten und Herausforderungen tendenziell höher als im Durchschnitt. Der taoistische Gelehrte Chuang Tzu beschrieb dies als »Gehen ohne den Boden zu berühren« oder »Flow«, während die Stoiker das Ziel des menschlichen Glücks als *eurhoia biou* beschrieben: den sanften Fluss des Lebens.

*LINKS: Die chinesischen Philosophen Chuang Tzu, und Hui Shi (4. Jahrhundert v. Chr. ) kamen an einem Wasserfall vorbei, als Chuang Tzu sagte: »Sieh, wie die Elritzen herumflitzen, wie sie wollen! Fische lieben das.« Und Hui Shi sagte: »Du bist kein Fisch, wie kannst du wissen, was Fische mögen?« Da antwortete Chuang Tzu: »Ich weiß es, weil ich hier am Fluss stehe.«*

# Exzellenz des Charakters
## *Tugendbildung*

---

Wie eine Fertigkeit wird auch guter Charakter durch wiederholte bewusste Entscheidungen entwickelt. Auch wenn Menschen mit gutem Aussehen, Gesundheit und guter Erziehung beglückt sind, garantiert nichts davon einen guten Charakter. Auch Begabte können ihr Leben ruinieren.

Was ist Exzellenz des Charakters (griechisch: *arête*; lateinisch: *virtus*)? Ein Gefühl? Nicht ganz. Tugenden können Gefühle verfeinern, doch Gefühle können kommen und gehen, aber Exzellenz des Charakters wird zu einer relativ stabilen Eigenschaft, wenn sie einmal erreicht ist. Ist Tugend eine Anlage? Auch nicht. Ein Kind, das von Natur aus kontaktfreudig ist, kann sich freundlich oder nervig zu verhalten. Die Anlage eines Kindes kann als eine Art »erste Natur« beschrieben werden, während guter Charakter zur »zweiten Natur« wird.

Die Tugenden werden zunächst erworben, indem man jene nachahmt, die besser sind als man selbst. Durch die bewusste Wiederholung und Perfektionierung der guten Handlungen eines beispielhaften Modells wird die Exzellenz des Charakters bestätigt und in den Entscheidungen konsolidiert. Wir werden zu dem, was wir immer wieder tun.

> *Die Dinge, die wir lernen müssen, bevor wir sie tun können, lernen wir, indem wir sie tun: Menschen werden Zimmerleute, indem sie Häuser bauen, und Harfenisten, indem sie Harfe spielen. Wir werden gerecht, indem wir gerecht handeln, selbstbeherrscht, indem wir Selbstkontrolle ausüben, und mutig, indem wir mutige Taten ausführen.*
> – Aristoteles [1103a32]

Tugend ist eine Haltung, eine erworbene persönliche Qualität, die über die Zeit in verschiedenen Kontexten fortbesteht. Während Homer und die epischen Geschichtenerzähler häufig von körperlichen Tugenden sprachen (die Stärke des Odysseus, die Schönheit Helenas), sind die von Ethikern gepriesenen Vorzüge charakterliche Qualitäten. Sie beinhalten eine »ausgewogene Harmonie« zwischen zu viel und zu wenig. Wie bei körperlicher Betätigung, bei der Schaden durch Übermaß und Mangel verursacht werden kann, ist die Bestimmung der »goldenen Mitte«" kontextabhängig mit Variationen in Bezug auf die betroffene Person:

*Tugend ein Habitus des Wählens, der die nach uns bemessene Mitte hält und durch die Vernunft bestimmt wird und zwar so, wie ein kluger Mann ihn zu bestimmen pflegt. – [1107a1]*

So ist zum Beispiel Großzügigkeit eine Tugend, bei der eine Person bereit ist, anderen Geld, Zeit oder Hilfe anzubieten, ohne sich dabei als Pfennigfuchser oder extravaganter Verschwender zu geben.

Aristoteles' Vorlesungsnotizen beziehen sich auf eine »Tabelle« von Tugenden, die heutige Forscher so rekonstruierten *(siehe auch Seite 58)*:

| AKTION/GEFÜHL | MANGEL | MITTE | ÜBERMASS |
|---|---|---|---|
| ANGST UND WAGEMUT | Feigheit | Mut | Unbesonnenheit |
| SINNESFREUDEN | Desinteresse | Selbstbeherrschung | Genusssucht |
| GEBEN UND NEHMEN | Geiz | Großzügigkeit | Extravaganz |
| SELBSTDARSTELLUNG | Winzigkeit | Größe | Eitelkeit |
| ÄRGER | Einfallslosigkeit | Sanftmut | Launenhaftigkeit |
| SELBSTENTFALTUNG | Bescheidenheit | Wahrhaftigkeit | Angeberei |
| KONVERSATION | Langweiler | Esprit | Clownerie |
| SOZIALVERHALTEN | Missgunst | Freundlichkeit | Unterwürfigkeit |

# DIE KARDINALTUGENDEN
## *Exzellente Angelpunkte*

Der Ausdruck »Kardinaltugenden« stammt von Ambrosius [340–397], Bischof von Mailand. Der für für seine rhetorische Begabung berühmte Ambrosius hielt eine seiner größten Reden bei der Beerdigung seines Bruders. Darin identifizierte er vier ausgezeichnete Eigenschaften seines Bruders, die er »cardo« nennt, Latein für »Türangel«, da diese Eigenschaften die Tür zu einem guten Leben öffnen, und Exzellenz des Charakters dreht sich um sie dreht.

In der Kunst kennzeichnen herkömmliche Requisiten und Symbole diese vier Tugenden (*siehe gegenüber*). *Mut* wird oft mit Rüstung und in Begleitung eines Löwen als Zeichen der Stärke gezeigt. *Mäßigung* gießt das rechte Maß von Wasser und Wein zwischen zwei Krügen. *Gerechtigkeit* hält Waagschalen und ein Schwert, das die Gerechtigkeit schützt und erzwingt. *Weisheit* oder *Klugheit* blickt in einen Spiegel der Selbsterkenntnis, um sich der Wahrheit in ihrer vollen Komplexität aus mehreren Perspektiven zu nähern.

Alle anderen Tugenden hängen von diesen vier hervorragenden Eigenschaften ab. Die drei theologischen Tugenden (*Glaube, Hoffnung* und *Nächstenliebe*) erblühen daraus, während andere Tugenden Begleiterscheinungen sind. Geduld, zum Beispiel, braucht Mut (um Schwierigkeiten zu überwinden); Dankbarkeit entspringt aus Gerechtigkeit (um Gaben zu erkennen).

| EIGENSCHAFT | KARDINALTUGEND | GRIECHISCH | LATEIN |
|---|---|---|---|
| *Kampf- oder Fluchtreflex* | MUT | *andreia* | *fortitudo* |
| *Sinnesbefriedigung* | MÄSSIGKEIT | *sôphrosunê* | *temperantia* |
| *Intelligenz* | WEISHEIT | *phronesis* | *prudentia* |
| *Sozialbeziehungen* | GERECHTIGKEIT | *dikaiosunê* | *iustitia* |

20

Diese vierfache Struktur erscheint schon in älteren Schriften:

*Handle mit Mut bei Gefahr, mit Mäßigkeit bei Vergnügungen, mit Weisheit bei der Wahl zwischen Gut und Böse und mit Gerechtigkeit, wenn du jedem gibst, was ihm zusteht.*
– Cicero, De Officiis [I, ii, 5]

*Weisheit kommt zuerst, dann folgt Mäßigkeit und aus der Vereinigung dieser beiden mit Mut entspringt Gerechtigkeit.* – Platon, Gesetz [631c]

In *Der Staat* (IV) bezeichnet Sokrates diese vier *arête* als die Kernqualitäten eines tugendhaften Menschen. Diese Tugenden vervollkommnen vier grundlegende Lebenskräfte der menschlichen Seele und der gut organisierten Gemeinschaft. Mäßigung zügelt und vollendet den Appetit. Mut bringt Ordnung und Vortrefflichkeit in den Geist. Gerechtigkeit bringt geordnetes Gleichgewicht der Seele und in Beziehung zu anderen. Weisheit oder Klugheit bedeutet Vortrefflichkeit im Handeln.

*Cicero gibt sein Buch seinem Sohn Marcus. Frontispiz von Cicero, De Officiis, Venedig, 1525.*

# MUT
## *Kampf oder Flucht*

---

Wenn Tiere eine Bedrohung verspüren, werden sie alarmiert. Menschen, die mit Gefahr konfrontiert werden, laufen weg, erstarren, verteidigen sich oder greifen an. Kraft des menschlichen Denkens kommt eine weitere Komplexität hinzu. Anstatt nur auf Umstände zu reagieren, ist die tugendhafte Person selbstbeherrscht und beherrscht ihre primitiven Reaktionen. Einige Gefahren sind plötzlich und offensichtlich, andere, wie Krankheit, Armut und Verlassenheit, lauern im Verborgenen. Mut bedeutet, seine Impulse zu beherrschen und auf jede Situation mit der richtigen Balance von Sorge und Zuversicht zu reagieren. Zu viel Mut kann zu übereiltem Verhalten führen; zu wenig, zu Feigheit. Der mutige Mensch ist stark angesichts der Schwierigkeiten, einschließlich der Praxis der Tugend selbst.

*Ohne Mut kann man auch keine andere Tugend nachhaltig leben.* – Maya Angelou

*Women fighting Devils, Florence, 1460.*

# MÄSSIGUNG
## *Selbstbeherrschung*

Wir alle werden hungrig, ob nach Essen, Besitz, Aufregung, Aufmerksamkeit oder Macht. Es ist jedoch nicht einfach, den Geschmack für die richtigen Dinge in der richtigen Weise, in den richtigen Mengen, zur richtigen Zeit und aus den richtigen Gründen zu entwickeln. Die Konsumkultur sagt, »Gier ist gut« und »Größer ist besser«, aber das ist ein Rezept für Sklaverei, nicht für Befreiung. Aus ungezügelter Habgier wird *pleonexie*, der unersättliche und rücksichtslose Wunsch, immer mehr zu erwerben, ein unendlicher Appetit auf endliche Dinge. Unkontrollierter Ehrgeiz führt zu überheblicher *hybris*. Epiktet [55–135 n. Chr.] bemerkte:

> Wenn man die Grenzen der Mäßigung überschreitet, hören die größten Vergnügungen auf, zu gefallen.

*Sóphrosunê* (Mäßigung) bedeutet Selbstbeherrschung zu üben:

> Selbsterkenntnis ist die Essenz der Mäßigung, und darin stimme ich dem Verfasser der die Inschrift »Erkenne dich selbst« in Delphi zu. – Platon, *Charmides* [164 d]

Der Weg zur Selbstbeherrschung beginnt damit, zu erkennen, welche Neigungen gezügelt werden müssen, um einen ausgewogenen Mittelweg zwischen Zügellosigkeit und Selbstverleugnung zu finden. Wie das Sprichwort sagt: Alles mit Maß und Ziel *(siehe auch Illustration gegenüber dem Inhaltsverzeichnis)*.

> Wenn ein Mensch durch seine eigenen Gedanken angeregt wird, weiter nach dem zu verlangen, was attraktiv ist, erhöht sich sein Verlangen noch mehr. Das macht die Fessel noch stärker. Wer aber Freude daran hat, seine Gedanken zu beruhigen, sich darauf zu besinnen, was abstoßend und was nachhaltig ist, der wird dem Verlangen ein Ende machen, er wird die Fesseln sprengen… – Buddha [563–483 v. Chr.]

23

# GERECHTIGKEIT
## *im Haus*

---

Menschen sind soziale Tiere, und unsere Fähigkeit zu kommunizieren (in kunstvoller Grammatik, Logik und Rhetorik) weist auf unser Bedürfnis hin, eine Veranlagung zu pflegen, die soziale Beziehungen verbessert. Gerechtigkeit ist die Tugend, die einen dazu bringt, anderen zu geben, was ihnen zusteht.

> *Rationale Sprache (Logos) hilft zu verdeutlichen, was nützlich oder schädlich, und auch, was gerecht oder ungerecht ist. Denn das Besondere am Menschen im Vergleich zu anderen Tieren ist, dass er allein Recht und Unrecht erkennt.* – Aristoteles [1253a15]

Die Attribute der »Justitia« (*siehe gegenüber*) sind jahrtausendealt. Im alten Ägypten hielt sie als *Ma'at* eine Waage, um das Gewicht jeder menschlichen Seele gegen die »Feder der Wahrheit« abzuwägen. Später porträtierten römische Künstler *Iustitia*, indem sie Merkmale zweier griechischer Göttinnen kombinierten: *Themis* (der die Jahreszeiten ordnet) und *Dike* (die Brauch und Gesetz abgleicht). Obwohl Frauen in der antiken Welt nicht wählen oder vor Gericht erscheinen konnten, wurde die Justiz dennoch als gerechte und ausgewogene Frau vorgestellt.

In der frühen Neuzeit bekam sie eine Augenbinde als Zeichen der Unparteilichkeit dazu, und ein zweischneidiges Schwert als Symbol für Wahrheit, Vernunft und bestimmte Strafen. Justitia gemahnt das Volk, dass es auch starke Personen oder Gruppen übertreffen und besiegen kann. Die Logik vom Recht des Stärkeren weicht der Logik des Brauchs und schließlich einem Prinzip der Verteidigung und Durchsetzung von Gerechtigkeit und Gleichheit.

Gerechtigkeit impliziert über soziale Konventionen hinaus allgemeinere Prinzipien: Gleichheit, Unparteilichkeit und Freiheit. Die Frage, wie man gleiche Fälle gleich behandelt, het eine lange Tradition, von Platons *Der Staat* bis zu *Eine Theorie der Gerechtigkeit* von John Rawls [1921-2002] und darüber hinaus.

Allgemein betrachtet ist Gerechtigkeit das entscheidende Kriterium für moralisches Handeln in sozialen Beziehungen, während aus einer subjektiven Perspektive Gerechtigkeit eine Tugend ist, die im Verhältnis zu anderen ausgeübt wird. Die Gerechtigkeit des eigenen Charakters offenbart sich durch die Art und Weise, wie man andere behandelt, wenn man in einer Macht- oder Führungsposition ist, ob zu Hause, bei der Arbeit oder im Ausland.

Gerechtigkeit und ihre Bedeutung stehen im Zentrum ethischer Debatten und umfangreicher Literatur, die Fragen nach dem gerechten Austausch von Gütern und der Erfüllung vertraglicher Verpflichtungen (*kommutative Gerechtigkeit*), der Zuweisung wirtschaftlicher Vorteile und Lasten (*Verteilungsgerechtigkeit*), einer auch für die Opfer angemessen erscheinenden Bestrafung von Kriminellen (*Wiedergutmachungsjustiz*) und der besten Art von Institutionen zur Pflege einer ausgewogenen Gesellschaftsordnung (*politische Gerechtigkeit*) aufgreifen.

*OBEN: Justitia, hält mit verbundenen Augen Waage und Schwert; Pieter Bruegel der Ältere [1525–1569].*

# WEISHEIT
## *Besonnentheit*

---

Die wichtigste der Kardinaltugenden ist *Phronesis*, die praktische Weisheit. *Phronesis* ist die Fähigkeit, das Richtige zur richtigen Zeit, auf die richtige Weise und aus dem richtigen Grund zu tun. Eine Person, die das verkörpert (*Phronimos*), beherrscht die Fähigkeit zu erkennen, zu urteilen und zu handeln.

Diese Tugend, von der einige Kommentatoren meinten, dass es kein Zuviel davon gebe, muss zuerst gelehrt werden und wird später durch Erfahrung und Erinnerung weiterentwickelt.

> **Weisheit ist die Tochter der Erfahrung.** – Leonardo da Vinci

> **Erinnerung ist die Mutter aller Weisheit.** – Aischylos

Darüber hinaus ist ein weiser Mensch aufgeschlossen und erkennt seine Grenzen, immer bereit, mehr zu lernen.

> **Der klügste von allen ist meiner Meinung nach derjenige, der sich mindestens einmal im Monat einen Narren nennt.** – Dostojewski

*Phronesis* verleiht sowohl ein Verständnis der wichtigsten Prinzipien umfassenden Wissens und guten Urteilsvermögens als auch die Klugheit, das Richtige in jeder Situation zu tun. Es geht darum, gut zu argumentieren, Beweise zu bewerten und Alternativen zu vergleichen.

Cicero übersetzte den Begriff als *providentia*, was Voraussicht bedeutet. Die mittelalterlichen Scholastiker nannten es *prudentia* und bezogen sich auf die Fähigkeit, die Einzigartigkeit und Komplexität jeder Situation zu schätzen, und sich der langfristigen Risiken und Auswirkungen jeder möglichen Handlung bewusst zu sein.

OBEN: *Prudentia. Eine Frau löscht das Feuer, bevor es sich ausbreitet; ein Kranker wird behandelt; ein Kaufmann bringt sein Gold in Sicherheit; Wintervorräte werden eingelagert; das Haus wird repariert. Stich von Philips Galle [1537–1612] nach einem Original von Pieter Bruegel dem Älteren [1525–1569].*

Wir alle kennen Menschen, denen es an Klugheit mangelt; sie sind kurzsichtig, gedankenlos, abgelenkt, nachlässig und verschwenderisch. Andere verdrehen die Wahrheit und sind hinterhältig und betrügerisch.

So wie ein meisterhafter Sportler oder Musiker fühlt, was in einem bestimmten Kontext angemessen ist, so weiß ein *Phronimos*, wie man Emotionen zu Verbündeten der Vernunft macht. So jemand kann sich auf ihre gut ausgebildeten Instinkte verlassen und entwickelt ein gutes Urteilsvermögen, insbesondere in Kontexten, in denen es auf das Timing ankommt und eine schnelle Entscheidung erforderlich ist.

> Weisheit ist besser als Perlen, und alles, was man wünschen mag, kann ihr nicht gleichen. – Sprichwörter [8:11]

# DIE SIEBEN TODSÜNDEN
## *Exzess, Unangemessenheit und Perversion*

In seiner *Göttlichen Komödie* begleitet Dante Alighieri [1265–1321] Vergil auf eine Reise über sieben Terrassen, um eine gebrochene Seele zu erkennen und zu heilen. Dante sagt, dass jede Tugend und jedes Laster, aus der Liebe entspringt. So gesehen, ist Sünde Liebe, die vom Weg abgekommen ist; es ist möglich, auf eine freundliche und angemessene Weise zu lieben oder auf verzerrte. Dantes Reise geht von den am harmloseren Verirrungen zu schlimmsten. Der einfachste Weg, die Liebe falsch zu lenken, ist, zu viel Wert auf irdisches Gut, wie sexuelles Vergnügen (*Wollust*), Essen (*Völlerei*) oder Besitz (*Habgier*) zu legen. Ein weniger verbreiteter, aber tödlicherer Weg, in die Irre zu gehen, besteht darin, das Interesse an diesen oder an irgendetwas oder irgendjemandem zu verlieren (*Trägheit*).

In Bezug auf die Zerstörung des eigenen Charakters ist es noch tödlicher, eine verzerrte trotzige Liebe zu praktizieren, die perverse Freude am Untergang anderer nimmt. Dies kann auf drei (zunehmend schlimmere) Arten geschehen: Rache (*Zorn*), Eifersucht über den Besitz eines anderen (*Neid*) oder Überheblichkeit (*Hochmut*) . Am tödlichsten von den sieben ist der Hochmut oder die Hoffart, die Dante als »Liebe zu sich selbst, per-

| LATEIN | LASTER | FEHLGELEITETE LIEBE | TUGEND |
|---|---|---|---|
| luxuria | WOLLUST | übermäßige Liebe zum Sex | höfische Liebe |
| gula | VÖLLEREI | übermäßige Liebe zum Essen | Mäßigung |
| avaritia | HABGIER | übermäßige Liebe zu materiellem Besitz | Großzügigkeit |
| acedia | TRÄGHEIT | unzureichende Liebe, etwas zu beginnen | Eifer |
| ira | ZORN | pervertierte Liebe zur Rache | Geduld |
| invidia | NEID | pervertierte Liebe zu fremden Gütern | Freundlichkeit |
| superbia | ÜBERHEB-LICHKEIT | pervertierte Liebe zu sich selbst | Demut |

vertiert zu Hass und Verachtung gegenüber dem Nächsten«, definierte. Dante bezog sich auf mehreren Listen von Lastern und Tugenden. Eine solche siebenteilige Liste verband die vier Kardinaltugenden (*S. 20*) mit den drei theologischen Tugenden Glaube, Hoffnung und Nächstenliebe. Gregor der Große [540-604] schlug eine weitere Liste von sieben Tugenden vor, die den sieben Todsünden direkt gegenüberstehen, mit Demut als Wurzel (*siehe oben*).

*Was die sieben Todsünden angeht, bedauere ich Hochmut, Zorn, Wollust, Neid und Habgier. Um Völlerei und Trägheit lege ich meist meinen Tag an.* – Robert Brault

GEGENÜBER: *Die sieben Todsünden, Dietrich Meyer [1572-1658]. Superbia blickt neben einem Pfau in den Spiegel, Avaritia umklammert ihren Schatz, Invidia beißt sich die Nägel, während sich Schlangen im Haar winden und ein wütender Hund zu ihren Füßen kläfft, Ira schreitet mit Schwert und Löwe bewaffnet voran, Libido steht für Luxuria, Ebrietas (Rausch) für Völlerei und Otium (Müßiggang) für Trägheit.*

LINKS: *Triumph der Tugend über die Sieben Todsünden, Venedig, 1508. Die Sünden werden durch Tiere dargestellt, eine Ziege für Wollust, ein Schwein vor Völlerei, eine Kröte für Habgier, ein Esel für Trägheit, ein Löwe für Zorn, ein Hund für Neid und ein Pfau für Hochmut.*

# DEMUT UND GRÖSSE
## eine Frage des Standpunkts

Für Gregor den Großen war Demut eine Schlüsseltugend, und das war noch nie so wahr wie heute. Viele Aspekte moderner Gesellschaften fördern das aufgeblasene Gefühl der eigenen Bedeutung und den unreflektierten Glauben, dass es vollkommen legitim sei, die Befriedigung jedes Verlangens zu erwarten und zu verfolgen.

> *Schauen Sie, was mit den sieben Todsünden der christlichen Theologie geschehen ist. Alle bis auf eine, die Trägheit, wurde zu einer positive Tugend umgedeutet. Gier, Habsucht, Neid, Völlerei, Luxus und Hochmut sind die treibenden Kräfte der neuen Wirtschaft.* – Lewis Mumford

Der daraus resultierende Mangel an Demut verzerrt die Beziehungen nicht nur zwischen den Menschen, sondern auch zwischen den Menschen und der übrigen Welt (*vgl. S. 52-55*). Wie andere Tugenden steht Demut in der Mitte zwischen den Lastern des Überflusses und des Mangels. Hochmut, Einbildung und Hybris, die Laster des Exzesses zu vermeiden, bedeutet nicht, sich in übertriebene Selbsterniedrigung zurückzuziehen oder sein Licht unter den Scheffel zu stellen. Es bedeutet, ein ausgewogenes Gefühl der wahren Bedeutung in der Welt zu entwickeln.

Das ist ein Bereich, in dem klassische Prioritäten mit denen von heute im Widerspruch stehen können. Jede von Homer beeinflusste Kultur wird auf die eine oder andere Weise gelehrt, eine Eigenschaft zu bewundern, die Aristoteles *megalopsychia*, »Größe der Seele«, nennt. Großmütige Individuen wie Odysseus tragen sich mit fast übernatürlichem Bewusstsein ihrer eigenen Exzellenz und einem Gefühl der Größe. Wenn Aristoteles *megalopsychoi* beschreibt, lobt er den Großen Alten, der langsam geht, mit tiefer Stimme spricht und sich mit einem Gefühl seiner eigenen *Gravitas* trägt. Aber er lobt auch den Ironiker, der sich seines Status und seiner Leistungen bewusst ist und sich wissentlich mit untertriebener Anmut präsentiert. Selbst in Athen kollidierte die stolze Prahlerei des Helden manchmal mit den sanften Tugenden einer anspruchsvollen Gesellschaft.

Eine tugendhafte Person behandelt andere respektvoll, ohne aber ihren wahren Wert zu verleugnen. Was bedeutet das in der Praxis? Wir sehen Demut heute vielleicht darin, dass wir andere als Gleichgestellte behandeln, anstatt hierarchische Machtverhältnisse auszuspielen, wie es früher oft der Fall war. Fragen nach angemessener Selbstwahrnehmung und Selbstdarstellung stellen sich jedoch immer noch und sind immer noch wichtig. Sie durchzudenken kann zu der Einsicht führen, dass geerdet und authentisch demütig zu sein, völlig mit der Größe der Seele vereinbar ist. Eine große Seele ist schließlich auch eine bescheidene.

*Demut, weit davon entfernt, der Großmut entgegengesetzt zu sein, dient dazu, sie zu mildern, denn Demut lässt uns große Gaben erkennen.* – Papst Franziskus

*Es ist besser von oben herab gesehen, als übersehen zu werden.* – Mae West

OBEN: *Superbie (Stolz) führt ihre Truppen an. Aus dem Hortus Delicarum, Abtei Hohenburg, Elsass, 1185, die erste Enzyklopädie, die von einer Frau geschrieben wurde.*

# SOZIALE TUGENDEN
## *Güte, Ehrlichkeit, Freundlichkeit und Geist.*

---

In Anlehnung an Aristoteles beschrieb Thomas von Aquin [1225-1274] die sozialen Tugenden als diejenigen, die erforderlich sind, um »in menschlichen Angelegenheiten gut zu handeln«.

SANFTMUT: Sanftmut definiert den Mittelweg zwischen Jähzorn auf der einen Seite und einem Mangel an Esprit auf der anderen Seite. Eine hitzköpfige Person kann schnell auf eine Kleinigkeit überreagieren, während eine verbitterte Person sie schlucken kann, bis sie explodiert. Die sanftmütige Person, mit gut kontrollierten Leidenschaften, findet den Mittelweg. Eine solche Person ärgert sich über die richtigen Dinge, bei den richtigen Leuten, auf die richtige Weise, zur richtigen Zeit.

*OBEN: Ein freundlicher Dichter hilft der Caritas, der der Eigennutz die Füße abgeschnitten hat. Peter Flötner, Nürnberg. Frühes 16. Jh.*

WAHRHAFTIGKEIT: Wir alle bevorzugen Menschen, die integer reden und handeln. Eine Gesellschaft kann auch nicht lange funktionieren, wenn Menschen nicht die Wahrheit sagen, während sie erwarten, dass andere dies tun. Zwei Charakterfiguren aus dem altgriechischen Drama stehen für Übermaß und Mangel dieser Tugend: *Alazon* ist ein Prahler, der vorgibt, größer zu sein als er ist, und *Eiron* ist ein Selbstironiker. Zusammen erzeugen diese beiden einen humorvollen Effekt: Der pummelige Angeber, der die Wahrheit überbetont, erhält von dem dünnen, untertreibenden Ironiker einen Dämpfer. Ihre komische *Hamartia* (Ausrutscher) rückt die Wahrhaftigkeit in den Fokus.

FREUNDLICHKEIT: Freundlichkeit ist die Fähigkeit, Fremde als zukünftige Freunde zu behandeln. Egal ob man von Natur aus extravertiert oder introvertiert ist, kann man ein angemessenes Maß an Freundlichkeit entwickeln. Aus Mangel an Freundlichkeit wird man zu einem zänkischen, streitsüchtigen Griesgram. Hat man zuviel davon, wird man zu einem produziert den heuchlerisch schleimigen Kriecher.

*Es gibt kein Wort für alte Freunde, die sich gerade kennengelernt haben.* – Bob Marley

GEIST: Unsere Zeitgenossen sehen vielleicht einen guten Sinn für Humor nicht als Thema der Ethik, aber die Alten bieten zeitlose Einblicke in diesen Aspekt der Charakterkunst:

*Diejenigen, die Humor zum Exzess haben, sind vulgäre Narren, die um jeden Preis lustig sein wollen, und alles für einen Lacher tun ohne sich um die Opfer ihrer Witze zu kümmern; während diejenigen, die weder selbst einen Witz machen können noch gute Laune schätzen, langweilig und steif sind. Wer stilvoll scherzt, ist witzig und kurzweilig.* – Aristoteles [1128a5]

*Man kann vorgeben, ernst zu sein. Man kann nicht vorgeben, geistreich zu sein.* – Sacha Guitry

33

# FREUNDSCHAFT
## *Das gute Leben teilen*

---

Antike Philosophen dachten oft über das Wesen der Freundschaft und ihren Platz in einem guten Leben nach, denn sie ist entscheidend für die rhetorische Praxis der politischen Führung und unverzichtbar für das Gedeihen des Menschen.

*Unter allen Besitztümern ist ein Freund das wertvollste.* – Herodot

In der Antike sprachen Politiker und Rhetoren ihre Mitbürger als »Freunde« an, so wie Mark Anton am Beginn seiner Grabrede:

*Mitbürger! Freunde! Römer! hört mich an.* – Shakespeare, Julius Caesar

Freundschaft ist das zentrale Thema in Platons *Lysis*, und Aristoteles widmet der *Philia* mehr Raum als allen anderen Tugenden und definiert sie als wechselseitige Beziehung mit offen gezeigtem Wohlwollen (*eunoia*):

*Freundschaft nimmt drei Formen an, die den Objekten der Liebe entsprechen.* – [1156a6]

FREUNDSCHAFT AUS NUTZEN zeichnet sich durch gegenseitigen guten Willen aus, wobei jede Partei für die andere nützlich ist: Beispiele sind Geschäftspartnerschaften, Beziehungen zwischen Mitarbeitern und Studienkollegen.

FREUNDSCHAFT AUS LUST, die auf gemeinsamen Aktivität beruht: ein Tennispartner oder ein Theaterbegleiter.

Das sind zufällige Freundschaften: Die Liebe hängt davon ab, wie nützlich oder angenehm der andere ist, und hält so lange wie der Nutzen oder das Vergnügen.

VOLLKOMMENE CHARAKTERFREUNDSCHAFT besteht zwischen guten Menschen, die gleich an Tugend sind. Jeder wird von der Exzellenz des anderen angezogen und möchte das Beste für das Wohlergehen des Freundes. Solche Freundschaften sind beständig, aber selten, da sie sich im Laufe der Zeit entwickeln, durch gemeinsame überwundene Schwierigkeiten erprobt sind und dauernde Nähe erfordern.

Cicero übersetzt *eunoia* als *benevolentia*, die Idee, dass Freunde füreinander da sein sollen und dass sie wollen, was für beide gut ist. Im Dialog *Laelius de Amicitia* untersucht er die Freundschaft und fragt: »Wie weit soll man gehen, um einem Freund zu helfen?« und »Sollen neue Freunde alten vorgezogen werden?« Er betont die Bedeutung von Vertrauen, Offenheit, Gleichheit, Güte und Freundlichkeit unter Freunden.

*Welche Süße bleibt im Leben, wenn man Freundschaft wegnimmt? Das Leben der Freundschaft zu berauben ist wie die Welt der Sonne zu berauben.* – Cicero

Auch Essayisten wie Michel de Montaigne [1533-92] und Francis Bacon [1561-1626] priesen in ihren Schriften die Freundschaft.

*LINKS: Illustration aus The Paris Sketch Book of Mr M. A. Titmarsh, von William Makepeace Thackeray [1811–63]. Sieht das aus wie Freundschaft aus Lust, Freundschaft aus Nutzen oder vollkommene Charakterfreundschaft?*

*Freundschaften bauen Brücken zwischen Geschlechtern, Völkern, Klassen und Altersgruppen. Wie Cicero hinterfragen auch wir Freundschaft: Brauchen glückliche Menschen Freunde? Was ist ein Arbeitsfreund? Können Freundschaften große, moderne Nationalstaaten beeinflussen? Kann ein Internetfreund ein echter Partner sein? Kann ein Lieblingsautor ein Freund sein?*

# GUTE GESELLSCHAFT
## sphaera civitatis

---

Ein spartanischer Herold soll einmal zum persischen König gesagt haben:

> *Du verstehst das Leben eines Sklaven, aber da du nie die Freiheit gekostet hast,
> kennst du die Süße der Freiheit nicht.* – Herodot [484 – 425 v. Chr.]

Paradoxerweise war die attische Demokratie auf Sklaverei aufgebaut. Nur wer das Bürgerrecht der *Polis* besaß, hatte an der politischen Macht teil. Ein Bürger war weder Sklave noch Untertan, sondern *sui juris* Herr seiner eigenen Angelegenheiten. Die Bürger genossen die Fülle des kulturellen Lebens und nahmen am Streben der Gemeinschaft nach allgemeinem Wohlstand teil. So enthielt der Besitz des Bürgerrechts, damals wie heute, ein inneres Motiv, sich zu informieren und zu engagieren, an öffentlichen Debatten teilzunehmen und die moralischen und intellektuellen Tugenden auszuüben, die für das soziale Leben in einem sich selbst regierenden Volk erforderlich sind.

> *Das eigentlich Wertvolle in der Gesellschaft, hängt von der Entwicklungsmög-
> lichkeit ab, die dem Individuum eingeräumt wird.* – Albert Einstein [1879 – 1955]

Welche Art von Bildung braucht es für bürgerliche Tugenden? Über das technische Fachwissen hinaus, das erforderlich ist, um ein produktives Mitglied der Gesellschaft zu sein, benötigen Bürger die *artes liberales*: die Fähigkeiten einer freien Person, die Sprache, Denken und Charakter perfektioniert.

> *Freiheit ist für den Fortschritt der Wissenschaft und der freien Künste unum-
> gänglich notwendig.* – Baruch Spinoza [1632 – 1677]

Die Bedeutung des Bürgerrechts war jahrhundertelang Gegenstand von Debatten. Im antiken Rom wurde *civitas*, der politische Raum über die städtischen Grenzen hinaus zur *res publica*, der »öffentlichen Angelegenheit« erweitert, (dieser vielschichtige Ausdruck ist die Wurzel des deutschen Wortes »Republik«).

Diogenes von Sinope [412–323 v. Chr.] erklärte »Ich bin ein Bürger der Welt.« Augustinus von Hippo [354–430 n. Chr.] erweiterte das zur doppelten Staatsbürgerschaft und rief zum friedlichen Beitrag zur irdischen politischen Gemeinschaft auf, und warf zugleich als Pilger zur himmlischen Stadt.

Heute konkurriert »Weltbürgerschaft«, die Solidarität über politische Grenzen hinweg, die erforderlich ist, um globale Probleme anzugehen, mit »Lokalismus«, der die örtliche Verbundenheit und maximale Beteiligung an lokalen Entscheidungsprozessen forciert. Bei der Bewältigung dieses modernen Dilemmas, ebenso wie bei der zeitlosen Aufgabe, das bürgerliche Leben gegen Korruption zu stärken, bleiben die klassischen Tugenden unverzichtbar.

*Eine Demokratie ist in ernsthaften Schwierigkeiten, wenn ihre Bürger nicht ein Mindestmaß an Bildung und bürgerlichen Tugenden haben.* – Philip Johnson

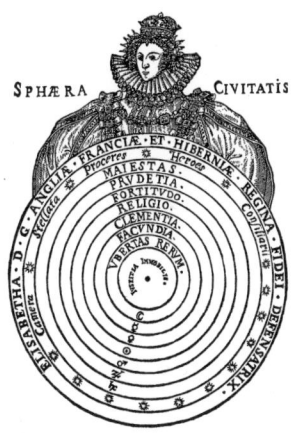

LINKS: *Titelseite von John Case's Sphaera Civitatis, einer populären aristotelischen Abhandlung über Politik, die erstmals 1588 veröffentlicht wurde. »Elisabeth, Königin der Angeln, Franzosen und Spanier, Verteidigerin des Glaubens«, thront über dem ptolemäischen Universum. In der himmlischen Sphäre mit ihren Sternen, Adligen, Helden und Beratern bestimmen die Planeten die moralischen Züge einer guten Regierung: So wird Majestät vom Saturn regiert, Klugheit von Jupiter, Stärke vom Mars; Religion ist die Domäne der Sonne, Barmherzigkeit gehört zur Venus, Eloquenz zum Merkur und Überfluss ist der Bereich des Mondes. Im Zentrum steht die »Iustitia inmobilis«.*

# NATURGESETZ
## *Der innere Kompass*

---

Gibt es ein angeborenes moralisches Gesetz, das das menschliche Handeln leitet? Platon und Aristoteles deuten auf die Idee hin, und Sophokles [497–405 v. Chr.] deutet sie in der Rede von Antigone an Kreon ein:

> *Diese Gesetze sind nicht für jetzt oder für gestern. Sie existieren für immer, und niemand weiß, wann sie uns zum ersten Mal offenbart wurden.* – Sophokles, Antigone

Cicero lieferte später die klassische stoischen Lehre der Naturphilosophie, als er argumentierte, dass Tarquins Vergewaltigung der Lucretia illegal sei, ungeachtet der menschlichen Gesetze:

> *Obwohl es kein schriftliches Gesetz gegen Ehebruch während der Herrschaft des Tarquinius gab, folgt daraus nicht, dass Sextus Tarquinius nicht gegen das ewige Gesetz verstoßen hat, als er Lucretia vergewaltigte. Denn auch dann hatte er das Licht der Vernunft aus der Natur der Dinge, das zu guten Taten anspornt und von bösen abhält; und das nicht erst dann zum Gesetz wird, wenn es niedergeschrieben wird.* – Cicero, De Legibus

Der Apostel Paulus schrieb im *Brief an die Römer*, dass jeder Mensch ein Gewissen hat, »ein Gesetz, das ins Herz geschrieben steht«, und im Hochmittelalter kooperierten jüdische, christliche und muslimische Gelehrte von Bagdad bis Cordoba, in toleranter Harmonie miteinander, während sie die allgemeine Verbindlichkeit dieses Naturgesetzes diskutierten.

Ein berühmter Appell des 20. Jahrhunderts an die Idee einer objektiven Norm menschlichen Verhaltens erscheint im Brief von Martin Luther King, Jr. während seiner Gefangenschaft wegen Protestes gegen die Rassentrennung:

*Wie weiß man, ob ein Gesetz gerecht oder ungerecht ist?*
*Gerecht ist ein Gesetz, das mit dem moralischen Gesetz*
*oder dem Gesetz Gottes übereinstimmt. Ungerecht ist*
*ein Gesetz, das mit dem moralischen Gesetz nicht in*
*Einklang steht. Um es in den Worten von Thomas von*
*Aquin auszudrücken: Ein ungerechtes Gesetz ist ein*
*menschliches Gesetz, das nicht im ewigen Gesetz und*
*Naturrecht wurzelt. Ein Gesetz, das die menschliche*
*Persönlichkeit erhebt, ist gerecht. Ein Gesetz, das die*
*menschliche Persönlichkeit erniedrigt, ist ungerecht.*
*Rassengesetze sind ungerecht, weil Rassentrennung die*
*Seele schädigt. Sie gibt ihren Verfechtern ein falsches*
*Gefühl der Überlegenheit und ihren Opfern ein falsches*
*Gefühl der Minderwertigkeit.* – Martin Luther King, Jr.

Menschliche Gesetze können gerecht oder ungerecht sein, und King hatte sicherlich recht, dass das damit zusammenhängt, ob ein Gesetz diejenigen, für die es gilt, fördert oder herabsetzt. Doch das allein beweist nicht, ob ein Gesetz »natürlich« ist. Die Segregationisten dachten auch, dass ihre Überzeugungen das Naturrecht widerspiegelten, ebenso wie Aristoteles, der behauptete, dass einige Menschen als Sklaven geboren wurden. Jede Gesellschaft findet Erklärungen dafür, dass ihre Gesetze »widerspiegeln, wie die Dinge sein sollten.« Subkulturen und Widerstandsbewegungen machen das gleiche.

Die ewige Frage, was für den Menschen förderlich ist und wie er andere behandeln soll, muss in jeder Generation neu beantwortet werden.

*Das größte Gut für einen Menschen ist, täglich über Tugend zu sprechen.* – Sokrates

In der Neuzeit führte diese Suche nach einer Ethik, die über Kulturen und Kontexte hinausgeht, zur Idee universeller Menschenrechte.

# MENSCHENRECHTE
## *Universelle Werte*

---

John Locke meinte 1688, dass die einzige Rechtfertigung einer Regierung darin bestand, die »natürlichen Rechte« des Einzelnen auf Leben, Freiheit und Eigentum zu schützen. Er sah solche Rechte aus Prinzipien des Naturgesetzes abgeleitet, die wiederum erkannt werden konnten, wenn man den Willen Gottes erkannte. Das begründete das Prinzip, dass individuelle Rechte die Autorität des Staates transzendieren könnten, ließ es aber offen für Streitigkeiten darüber »was Gott beabsichtigte«, um zu beeinflussen, welche Rechte Menschen haben würden.

Immanuel Kant [1724–1804] *(siehe S. 43)* meinte, dass die Behauptung, dass Menschen bestimmte Grundrechte haben, auch ohne Berufung auf irgendeine religiöse Tradition gerechtfertigt werden könnte. Das ebnete den Weg für moderne universelle Menschenrechte, aber es sollte weitere 200 Jahre dauern, bis sie zum Gesetz wurden.

Um eine Wiederholung der Schrecken des Zweiten Weltkriegs zu vermeiden, wurde 1948 die Allgemeine Erklärung der Menschenrechte von der UN-Generalversammlung verabschiedet *(siehe die 30 Artikel gegenüber)*.

Zum ersten Mal wurden grundlegende moralische Prinzipien, als unveräußerliche Rechte aller Menschen und nicht als Privilegien des Status oder der Staatsbürgerschaft definiert.

Seit 1948 sind viele weitere Verträge über Menschenrechte geschlossen, und die Menschenrechtserklärung wurde Bestandteil des Völkerrechts,

Beschwerden über Verletzungen Ihrer Rechte müssen schriftlich eingebracht werden.

was bedeutet, dass die Gesetze jedes Landes damit übereinstimmen müssen. Ein moralisches Recht ist jedoch nicht dasselbe wie ein gesetzliches Recht, und der Prozess der Umwandlung der Menschenrechte von ersteren in letztere ist noch lange nicht abgeschlossen.

Platon und Aristoteles würden wohl zustimmen, dass menschliche Angelegenheiten universellen moralischen Prinzipien unterliegen sollten, würden aber sie aus ihrem Gesellschaftsverständnis heraus einige dieser moderne Rechte ablehnen. Es ist schwierig, über die Kulturen hinweg zu einer Einigung zu gelangen, und die Debatte sowohl über neue als auch über einige bestehende Menschenrechte geht weiter.

### DIE 30 ARTIKEL DER ALLGEMEINEN ERKLÄRUNG DER MENSCHENRECHTE

1. Recht auf Freiheit, Gleichheit und Solidarität
2. Diskriminierungsverbot
3. Recht auf Leben, Freiheit und persönliche Sicherheit
4. Verbot der Sklaverei
5. Verbot von Folter und erniedrigender Behandlung
6. Recht auf Anerkennung als Person vor dem Gesetz
7. Recht auf Gleichheit vor dem Gesetz
8. Anspruch auf Rechtsschutz
9. Schutz vor willkürlicher Verhaftung und Ausweisung
10. Recht auf faires Gerichtsverfahren
11. Recht, als unschuldig betrachtet zu werden, bis die Schuld bewiesen ist
12. Freiheit vor Eingriffen in Privatsphäre, Familie, Wohnung und Schriftverkehr
13. Freizügigkeit und Auswanderungsfreiheit
14. Recht auf Asyl
15. Recht auf eine Staatsangehörigkeit und die Freiheit, sie zu ändern
16. Recht auf Ehe und Familie
17. Recht auf Eigentum
18. Glaubens- und Religionsfreiheit
19. Meinungs- und Informationsfreiheit
20. Versammlungs- und Vereinigungsfreiheit
21. Allgemeines und gleiches Wahlrecht
22. Recht auf soziale Sicherheit
23. Recht auf Arbeit, Berufswahl und Gewerkschaftsbeitritt
24. Recht auf Erholung und Freizeit
25. Recht auf angemessenen Lebensstandard
26. Recht auf Bildung
27. Recht auf Teilnahme am kulturellen Leben
28. Recht auf Soziale und internationale Ordnung
29. Pflichten gegenüber der Gemeinschaft
30. Freiheit vor staatlicher oder persönlicher Einmischung in die oben genannten Rechte.

# DIE GOLDENE REGEL
*Handle so, wie du behandelt werden willst*

---

Die Maxime *Behandle andere so, wie du möchtest, dass sie dich behandeln*, ist spätestens seit dem 17. Jahrhundert als »goldene Regel« bekannt. In verschiedenen Versionen taucht sie schon in ägyptischen und babylonischen Schriften und in fast jeder Weltreligion und Weisheitstradition auf:

> *Betrachte den Gewinn deines Nachbarn als deinen eigenen Gewinn und den Verlust deines Nachbarn als deinen eigenen Verlust.* – Laozi, Daodejing

> *Alles, was ihr wollt, dass euch die Menschen tun, das tut auch ihnen!* – Bibel, Matthäus 7:12

> *Keiner von euch ist gläubig, solange er nicht für seinen Bruder wünscht, was er für sich selbst wünscht* – Sprüche Mohammeds, Hadith 13

Die als Verbot formuliert, *Was du nicht willst, das man dir tu', das für auch keinem anderen zu*, ist die Regel vielleicht noch älter:

> *Verletze andere nicht auf eine Weise, die du selbst verletzend finden würdest.*
>
> – Udana-Varga 518

*Man sollte sich gegenüber anderen nicht auf eine Weise verhalten, die einem selbst unangenehm ist.*
— Mahabharata, Anusasana Parva 113.8.

*Das, was dir selbst verhasst ist, tue deinem Nächsten nicht an. Das ist die ganze Tora. Der Rest ist Kommentar. Geh' und lerne!* – Tora, Schabbat 31a

BEHANDLE ANDERE SO, WIE DU BEHANDELT WERDEN WILLST.

Aber wie ist das bei Masochisten?

# PFLICHT
## *Ein bisschen Respekt*

---

Immanuel Kant verstand die Goldene Regel nicht als göttliches Gebot, weil sie logisch aus der moralischen Pflicht der *Achtung der Person* folgte:

*Handle so, dass du die Menschheit sowohl in deiner Person, als in der Person eines jeden anderen jederzeit zugleich als Zweck, niemals bloß als Mittel brauchst.* – Kant

*Tu deine Pflicht und kümmere dich nicht um die Konsequenzen.* – George S. Patton

*Deontologie* (vom griechischen *deon*, Pflicht) ist der Name für moralische Theorien, wie die Kants, die behaupten, dass bestimmte Handlungen an sich richtig oder falsch sind, unabhängig von ihren Konsequenzen. Weil er glaubte, dass das »Moralgesetz« vorschreibt, was man in allen Fällen tun sollte, nannte Kant es einen *kategorischen Imperativ*. Eine Formulierung, der Grundsatz der Universalität, fragt, ob die Maxime, die eine vorgeschlagene Vorgehensweise leitet, eine ist, die jeder annehmen sollte:

*Handle nur nach derjenigen Maxime, durch die du zugleich wollen kannst, dass sie ein allgemeines Gesetz werde.* – Kant

Ein kurzer Test, der direkt auf die Goldene Regel zurückführt, ist das Prinzip der Umkehrbarkeit: »Würde ich wollen, dass die von mir vorgeschlagene Handlung mir angetan wird?«

Lügen zu erzählen, heißt andere als Mittel zu den eigenen Zwecken zu gebrauchen. Das ist nichts, was jeder sich wünschen würde, also verletzt es beide Versionen des kategorischen Imperativs. Aber:

DILEMMA: *Was, wenn ein wütender Mann mit der Axt in der Hand dich fragt, in welche Richtung sein Opfer ging? Wäre es dann wirklich falsch zu lügen?*

# NUTZEN UND GLEICHHEIT
## Konsequenzen für alle

---

Deontologie besagt, dass einige Handlungen, wie Mord, immer falsch sind, ungeachtet des Motivs. *Utilitarismus* ist hingegen nur am Ergebnis interessiert. Für einen Utilitaristen kann der Zweck die Mittel rechtfertigen: Könnte es also richtig sein, eine Person zu töten, um zehn zu retten?

> **DILEMMA**: *Ein Gangster hält dich und zehn andere Menschen als Geiseln und befiehlt dir, einen deiner Mitgefangenen zu ermorden. Er sagt dir dass alle zehn anderen exekutiert würden, wenn du den Mord nicht begehst. Was sollst du tun?*

Jeremy Bentham [1748-1832], der den Begriff Utilitarismus prägte, forderte, dass Ethik ausschließlich auf Beweisen in Form messbarer Konsequenzen basierte. Er verstand Ethik als »Summe aller Werte des Vergnügens auf der einen und aller Schmerzen auf der anderen Seite«, woraus der Nettoeffekt jeder möglichen Handlung auf das menschliche Glück berechnet werden konnte.

> *Das größte Glück der größten Zahl ist das Maß für Recht und Unrecht.*
>
> – Jeremy Bentham [1776]

Das Geiseldilemma (*oben*) veranschaulicht einige der Vorzüge des Utilitarismus, aber auch einige seiner Mängel. Nicht einmal Jeremy Bentham würde sich wirklich freuen, seinen Mitgefangenen zu töten. Genau wie die formalen Prinzipien der Pflicht der

„Es ist eine staatlich finanzierte Studie, zur Frage, wie viel Unrecht Recht ergibt."

Deontologie übersehen die Berechnungen des Utilitarismus oft etwas Wichtiges.

Bentham sah Utilitarismus als emanzipatorisches Projekt, das die Gesellschaft gerechter und gleichberechtigter machen könnte. Er wollte, dass die Freuden und Schmerzen aller auf einer einzigen Skala gezählt und gemessen werden, nicht nur

„Wissen Sie, was uns die Ethik dieses Jahr gekostet hat?"

die der Männer, der Reichen, Privilegierten oder Gebildeten. Das was zählte, war das Glück, nicht wie es herbeigeführt wurde.

*Abgesehen von Vorurteilen ist das Push-Pin-Spiel genauso wertvoll wie die Künste und Wissenschaften der Musik und Poesie.* – Jeremy Bentham [c. 1775]

John Stuart Mill [1826-1873] entwickelte später seine eigene Version des Utilitarismus, die argumentierte, dass »höhere« Freuden wie Poesie als besser angesehen werden sollten als »niedrigere« Freuden wie das Push-Pin (ein beliebtes Kneipenspiel der Zeit).

*Es ist besser, ein unzufriedener Mensch zu sein als ein zufriedenes Schwein; besser, ein unzufriedener Sokrates als ein zufriedener Narr.* – John Stuart Mill [1863]

Während diese Version für Poesie-Fans gut passt, sieht es nicht so gut für die aus, die die Freuden von Push-Pin bevorzugen. Niemand will als Schwein gelten. Ist das bloß Elitismus, oder ein Argument für gute Bildung und öffentliche Förderung der Künste? Diese Debatte geht heute in Parlamenten und Universitäten weiter.

# ETHIK IM ECHTEN LEBEN
## *Berechnung oder Urteil?*

Ein großer Teil dessen, was heutzutage als ethische Überlegungen gilt, ist im Wesentlichen Utilitarismus. Ob eine vorgeschlagene Maßnahme oder Politik richtig oder falsch ist, hängt weitgehend davon ab, ob sie ein wünschenswertes Ergebnis haben wird. Da es sehr schwer ist, die verschiedenen Freuden und Schmerzen der Betroffenen einer bestimmten Entscheidung »zu summieren«, versucht man oft das in finanzielle Werte zu übersetzen, die man addieren oder subtrahieren kann.

> DILEMMA: *Die Zeitersparnis für Tausende von Pendlern durch den Ausbau einer überlasteten Stadtautobahn wird auf mehr geschätzt als die Entschädigung für diejenigen, deren Häuser abgerissen werden. Soll die Straße verbreitert werden?*

Aber selbst wenn es möglich wäre, für alles einen Preis festzusetzen, wäre es richtig? Ethik ist mehr als Kosten-Nutzen-Analyse.

Ethische Dilemmata können auf verschiedene Weise angegangen werden. Die utilitaristische Perspektive misst das *Ergebnis*, die deontologische Perspektive konzentriert sich auf die *Handlung* und die Tugendperspektive berücksichtigt den *Charakter* des Handelnden:

> DILEMMA: *Ein führerloser Zug rollt bergab auf fünf Personen zu, die auf der Strecke arbeiten. Du könntest den Zug auf ein Abstellgleis umleiten, weißt aber, dass ein Obdachloser auf den Gleisen schläft. Was sollst du tun?*

Ein reiner Kantianer würde den Zug wahrscheinlich nicht umleiten, da dies absichtlich eine unschuldige Person töten würde, was immer falsch ist. Ein reiner Utilitarist wäre wahrscheinlich bereit, eine unschuldige Person zu töten, um fünf zu retten. Ein Tugendethiker würde zuerst, praktische

„DAS IST ES, KURZ GESAGT."

Weisheit anwenden, um zu erkennen, welche anderen Tugenden (wie Mut und Gerechtigkeit) für diese unglückliche Situation geeignet sein könnten, und dann darüber nachdenken, wie man so handelt, dass man sie verkörpert.

Tugendethik ist also eher nicht geeignet, schnelle Antworten auf hypothetische Dilemmata zu geben, die Unterschiede zwischen »richtig« und »gut« aufdecken sollen. Sie stellen uns vor eine klare Wahl, etwas, das falsch erscheint, zu tun oder nicht, um ein scheinbar größeres Übel abzuwenden. Ethische Entscheidungen im wirklichen Leben sind in der Regel weniger klar und komplizierter. Viele Ethiker versuchen heute, nützliche Aspekte moderner Moraltheorien mit einem neuen Blick auf Tugend zu vereinen.

Bei der Bestimmung der moralischen Verantwortung unterscheiden viele Ethiker auch zwischen Absicht und vorhersehbaren Nebeneffekten. Ärzte verschreiben manchmal eine Palliativsedierung, um das Leiden am Ende des Lebens zu lindern und nehmen dabei Nebenwirkungen, einschließlich des Todes eines Patienten, in Kauf. Eine auf militärische Ziele abgefeuerte taktische Waffe kann die voraussehbare Nebenwirkung haben, Angst zu schüren und zivile Todesfälle zu verursachen. Ist das Vorhersehen eines Ergebnisses moralisch anders als die Absicht, es herbeizuführen?

# ABHÄNGIGKEIT
## *und Sorge für andere*

---

Viele der schwierigsten ethischen Entscheidungen entstehen, wenn nicht alle Beteiligten gleichberechtigte, gesunde und vernünftige Erwachsene sind.

> DILEMMA: *Deine sechsjährige Tochter ist zu krank für die Schule, du hast aber deinem alten Vater versprochen, ihn heute zu besuchen. Er lebt allein, kann das Telefon nicht hören und bekommt Angst, wenn du nicht kommst. Was sollst du tun?*

Menschliche Entwicklung beinhaltet Selbstverantwortung und Resilienz, Gerechtigkeit verlangt, dass wir die Würde und Selbstständigkeit anderer respektieren. Aber wir kommen nicht als unabhängige praktische Denker in diese Welt. Wir entwickeln uns in langen Phasen der Abhängigkeit, in denen wir uns auf die großzügige Fürsorge anderer verlassen: in der Kindheit, bei Krankheit, Behinderung oder im Alter. Alasdair MacIntyre spricht von *Wancantognaka*, einer Bezeichnung der Lakota-Sioux für eine Tugend, die uns die anderen und unsere Verantwortung ihnen gegenüber anerkennen lässt.

Feministische Publikationen über relationale Ethik stellen Platons Staatsordnung auf den Kopf und meinen, dass Ethik ihren Ursprung in der Familie hat, insbesondere in der elterlichen Liebe. Der Aufbau eines Verständnisses von Ethik aus solchen Beziehungen heraus wirft ein ganz anderes Licht auf größere Fragen der Sozialpolitik.

„Ich habe diese Valentinskarte für dich in der Schule gemacht. Was die Welt braucht, ist mehr Liebe und weniger Hausaufgaben."

# MEDIZINETHIK
## *Nicht schaden*

---

Utilitaristische Argumentation ist in der Medizin nicht so dominant wie anderswo, auch weil die Medizinethik eine lange Tradition hat. Sie geht zumindest auf den sogenannten Eid von Hippokrates, entstanden zwischen dem 5. und 3. Jahrhundert v. Chr. zurück, in dem Ärzte schwören, sich gottgefällig zu verhalten und ihre Position nie zu missbrauchen.

Die moderne Medizinethik gibt vier handlungsleitende Prinzipien vor:

SCHADENSVERMEIDUNG: »Primum non nocere«, erstens nicht schaden.

FÜRSORGE: Der Arzt muss im besten Interesse des Patienten handeln.

RESPEKT DER AUTONOMIE: Der Patient hat das Recht, eine Behandlung zu wählen oder abzulehnen. Dazu gehör auch die INFORMIERTE EINWILLIGUNG: Der Patient muss alle für diese Entscheidungen erforderlichen Informationen erhalten.

GERECHTIGKEIT: Wer welche Behandlung bekommt, muss fair und gerecht entschieden werden.

Häufig geraten zwei oder mehr dieser Prinzipien in Konflikt, was zu komplexen ethischen Dilemmata führt:

DILEMMA: Eine bei einem Verkehrsunfall schwer verletzte Frau lehnt eine Bluttransfusion ab wegen ihres Glauben als Zeugin Jehovas ab. Ihre Verwandten sagen, dass sie erst vor kurzem unter dem Druck eines manipulativen neuen Freundes konvertierte. Sollen Ärzte die Transfusion durchführen?

DILEMMA: Zwei Patienten brauchen gleich dringend eine neue Niere, es ist aber nur eine verfügbar. Welcher Patient solle sie bekommen?

Solch schwierige Entscheidungen treffen Ärzte jeden Tag.

# ARBEITSETHIK
## *Rollen und Verantwortung*

Bei Ärzten ist Ethik eindeutig wichtig. Aber ethische Überlegungen gelten bei allem, was wir für den Lebensunterhalt tun. Wir sind es gewohnt, von »ethischem Konsum« zu hören, doch Ethik in der Arbeitswelt ist mindestens genauso wichtig, wie Ethik im Supermarkt.

Manchmal ist die richtige Vorgehensweise offensichtlich und spiegelt sich in den Regeln der Berufe wider. Lehrer sollten keine Gefälligkeiten von Schülern (oder ihren Eltern) für bessere Noten annehmen. Lokführer sollten nicht im Dienst trinken. Bauinspektoren sollten sich nicht bestechen lassen, unsichere Bauwerke zu bewilligen. Andere Fälle sind schwieriger:

*SZENARIO: Ein Mann müht sich ab, die Kosten für die Pflege seines behinderten Kindes zu decken. Heimlich nimmt er gegen die Vorschriften ein paar abgelaufene Lebensmittel aus dem Supermarkt, in dem er arbeitet, mit nach Hause. Ist das falsch?*

*DILEMMA: Eine Polizistin hat eine Cousine, die alleinerziehend ist und gelegentlich Drogen konsumiert. Soll sie sie auf eine bevorstehende Drogenrazzia hinweisen?*

Personen, die öffentliche Ämter bekleiden oder öffentliche Mittel verwalten, haben eine klare Verpflichtung, ihre Position nicht zu missbrauchen. Aber auch private Unternehmen haben große Macht und tun oft Dinge, die zwar legal, aber unethisch sind.

*SZENARIO: Eine Autofirma kauft lokale Busunternehmen auf und schließt sie, was die Nachfrage nach ihren Produkten erhöht. Ist das einfach Business?*

*SZENARIO: Ein globales Wasserunternehmen kauft die Wasserversorgung einer armen Stadt, erhöht den Preis für Wasser um das Zehnfache und macht es für viele unbezahlbar.*

Solche Themen sind oft Gegenstand von Corporate Social Responsibility (CSR)-Richtlinien mit unterschiedlicher Wirksamkeit. Aber was, wenn solche unethischen Praktiken zum Kerngeschäft des Unternehmens gehören und seinen Aktionäre Rendite bringen?

*SZENARIO: Ein pharmazeutisches Unternehmen ist darauf spezialisiert, Patente auf alte, noch weit verbreitete Medikamente aufzukaufen und dann die Preise zu erhöhen.*

Ethik ist für alle Mitarbeiter relevant, nicht nur für das Management. Seinen Lebensunterhalt verdienen zu müssen, rechtfertigt kein unethisches Verhalten. Aber niemand sollte beruflich zu etwas gezwungen werden was er privat nie tun würde, auch nicht Fehlverhalten zu vertuschen:

*DILEMMA: Die Versicherungsverkäuferin Anna bemerkt, dass ihr Kollege ältere Kunden dazu bringt, teure Policen zu kaufen, die sie nicht brauchen. Sie sagt es ihrem Chef, der aber droht, sie entlassen wird, wenn sie es wiederholt, also tut sie so, als wüsste sie von nichts. Wer handelt falsch?*

In vielen Ländern gibt es »Whistleblower-Schutz-Gesetze«, um Personen in genau solchen Situationen zu schützen.

# RECHTE FÜR TIERE
## *nicht nur für Menschen*

---

In der Ethik ging es immer darum, wie wir unsere Mitmenschen behandeln sollten, und Menschsein wurde oft im Gegensatz zu »Bestien« oder »dummen Tieren« definiert. Doch die Sorge um Tierleid hat eine lange Geschichte. Der Philosoph und Mathematiker Pythagoras [ca. 580–500 v. Chr.] war Vegetarier, offenbar aus ethischen und gesundheitlichen Gründen:

> *Solange der Mensch weiterhin der rücksichtslose Zerstörer niederer Lebewesen ist, wird er niemals Gesundheit oder Frieden erfahren. Denn solange Menschen Tiere massakrieren, werden sie sich gegenseitig töten. Wer den Samen von Mord und Schmerz sät, kann nicht Freude und Liebe ernten.* – Pythagoras [zugeschrieben von Ovid]

Diese auf Tugend basierende Argumentation, die auch heute noch verbreitet sind, meint, dass jemand, der Tiere schlecht behandelt und entwürdigt, damit auch Menschen schlecht behandelt. Einige Utilitaristen wie Peter Singer [1946] stimmen Jeremy Bentham *(siehe S. 44)* zu, dass auch die Freuden und Schmerzen der Tiere berücksichtigt werden sollten:

> *Die Frage ist nicht, können sie denken oder können sie reden, sondern können sie leiden?*
>
> – Jeremy Bentham [1780]

Meistens jedoch ist moderne utilitaristische Argumentation nicht gut für Tiere. Nutztiere für Nahrungsmittelproduktion müssten vielleicht nicht leiden, obwohl die meisten das tun:

> DILEMMA: *Weltweit werden jährlich über 50 Milliarden Hühner von Menschen getötet und verzehrt. Die meisten wurden in enger Gefangenschaft gehalten und daran gehindert, ein normales Hühnerleben zu führen. Ist das akzeptabel?*

Vivisektion ist ein weiteres verwandtes Thema:

DILEMMA: Jedes Jahr leiden und sterben Millionen von Tieren bei Sicherheits-
tests von Chemikalien, Medikamenten und Konsumgütern. Ist das gerechtfertigt?

Sowohl Utilitaristen wie Singer als auch einige Kantianer (wie Tom Re-
gan) forderten Respekt und Schutz auch auf Tiere auszuweiten. Sie argumentieren, dass sich der Kreis der moralischen Rücksichtnahme in den letz-
ten 2500 Jahren von den attischen Männern zu Frauen, Armen und anderen
ethnische Gruppen erweitert habe: Sollte diese Expansion nicht zumindest
einige Tiere umfassen? Was genau das bedeuten würde und welche Tiere
aufgenommen werden sollten, wirft viele Fragen auf, aber die meisten Ex-
tensionisten würden mit denen beginnen, die uns am ähnlichsten sind:

DILEMMA: Schimpansen haben 99% ihrer DNA mit Menschen gemeinsam. Orang-Utans
und Gorillas sind vom Aussterben bedroht. Sollen wir Grundrechte (auf Leben, Freiheit
und Freiheit von Folter) auf unsere engsten Verwandten, die Menschenaffen, ausdehnen?

# UMWELTETHIK
## *Sorge um den Planeten*

Wenn es schon schwierig ist, traditionelle Ethik auf Tiere anzuwenden, dann ist es noch schwieriger, sie auf Umweltprobleme anzuwenden. Doch die gegenwärtige Krise in den menschlichen Beziehungen zur nichtmenschlichen Welt hat eindeutig eine starke ethische Dimension. Die Frage ist wie Einsichten wie die von Aldo Leopold aufgenommen werden können:

> *Etwas ist richtig, wenn es dazu beiträgt, Integrität, Stabilität und Schönheit der biotischen Gemeinschaft zu bewahren. Es ist falsch, wenn es anders ist.* – A Sand County Almanac

Eine Möglichkeit ist der ethische Extensionismus (*vgl. S. 52*). Vielleicht sollten wir Tieren, Pflanzen, Landschaften und Ökosystemen selbst Respekt entgegenbringen und (wie Kant über den Menschen sagte) sie niemals nur als Mittel für Zwecke der Menschen behandeln.

> DILEMMA: *Weltweit sind Bäume durch den Menschen bedroht. Sollen Bäume zu ihrem Schutz vor Gericht Rechtsstellung haben, damit Anwälte direkt für ihre Interessen argumentieren können? Wenn Unternehmen und Staaten als juristische Personen behandelt werden können, warum nicht die natürliche Umwelt?*

„WIR WERDEN ES SCHAFFEN, DAS GESAMTE ÖKOSYSTEM AUF UMWELTFREUNDLICHE WEISE ZU ZERSTÖREN."

Dieser Vorschlag von Christopher Stone aus dem Jahr 1972 scheint illusorisch, aber die Verfassungen von Ecuador und Bolivien erkennen bereits ausdrücklich Rechte der Natur (»Pachamama«) an.

Ein anderer Ansatz ist die Berücksichtigung der Interessen zukünftiger Menschen:

DILEMMA: *Welches Vermächtnis müssen wir zukünftigen Generationen hinterlassen?*

Es ist schwer genau zu wissen, was zukünftige Menschen brauchen werden. Aber das ist kein Grund, ihnen nicht eine Natur zu hinterlassen, die mindestens so wunderbar ist wie die, die wir heute genießen. Wenn wir diese Verpflichtung ernst nehmen, gibt es viel zu tun.

Die ökologische Tugendethik geht einen anderen Weg und fragt wie üblich, welche Tugenden für das Problem relevant sind und was es bedeuten würde, sie zu verkörpern. Demut scheint der Schlüssel zu sein (*siehe S. 32*), ebenso Mäßigung (*S. 25*), auch Weisheit und Mut werden erforderlich sein. Einige meinen, dass es hilfreich ist, in Begriffen einer neuen Tugend zu denken, die Rosalind Hursthouse »richtige Orientierung an der Natur nennt«.

Der Tugendansatz macht deutlich, dass es bei ökologischer Nachhaltigkeit nicht darum geht, die Gegenwart für die Zukunft zu opfern. Die Ausübung von ökologischer Tugend und Verantwortung trägt schon in der Gegenwart zum Gedeihen aller Menschen bei.

# LERNEN UND LEBEN
## Die Kunst des rechten Lebens

Die sieben freien Künste werden traditionell in Trivium, die sprachlichen und logisch-argumentativen Fächer Grammatik, Logik und Rhetorik und Quadrivium, die mathematisch orientierten Fächer Arithmetik, Musik, Geometrie und Astronomie unterteilt. Im Gegensatz zum inhaltsbasierten Quadrivium sind die Trivien einführende Fächer, die Methoden für den Umgang mit Themen und Wege zum »Lernen lernen« und zur Suche nach Weisheit, die in der »Kunst des Charakters« und der »Kunst des Lebens« verborgen ist, lehren.

*Unseren Charakter zu formen ist unsere Pflicht, nicht Bücher zu schreiben und zu gewinnen, nicht Schlachten und Provinzen, sondern Ordnung und Ruhe in unserem Verhalten. Unser großes und herrliches Meisterwerk ist es, angemessen zu leben. Alles andere, Regieren, Horten, Bauen, sind höchstens Requisiten.* – Michel de Montaigne [1533 – 1592]

Die Wahl des richtigen Wortes für jeden Kontext erfordert gutes Urteilsvermögen; Grammatik Lernen erfordert Mäßigung und Wertschätzung für tiefe Strukturen des menschlichen Bewusstseins; dialektische Argumentation erfordert Geduld und Konzentration; überzeugende Rede, kunstvoll geübt, öffnet den Zugang zu Fragen des menschlichen Handelns und Zweckes.

Wir können über menschliches Handeln aus verschiedenen Perspektiven rätseln. Ein Blick auf vergangene Maßnahmen wirft die Frage auf, ob Verpflichtungen erfüllt wurden; ein Blick auf zukünftige Maßnahmen erfordert die Prüfung der Nützlichkeit eines Plans oder einer politischen Entscheidung. Ethik ist aber mehr als die Debatte darüber, welche Handlung richtig ist; sie beinhaltet die Reflexion über ein ganzes Leben und die grundlegende Frage, was ein gutes Leben ausmacht.

Betrachten wir unsere tiefsten Sehnsüchte. Das Verlangen regt zum Handeln an, Handeln verfeinert und festigt den Charakter und formt so zukünftige Wünsche. Dementsprechend ermöglicht der menschliche Akt des Lernen Lernens weise Reflexion und moralische Transformation.

Jedes menschliche Leben ist zwangsläufig ein Selbstporträt: Die Kunst des Lebens ist eine Kunst des Charakters. Um ein gutes und schönes Leben zu führen, muss man seine Seele zur Perfektion führen.

*OBEN: Die Titelseite der Margarita Philosophica (Perle der Weisheit), von Gregor Reisch [1467–1525], zeigt die sieben freien Künste als Blätter des Baumes der Erkenntnis.*

# ANHANG – DIE TUGENDEN

Diese Liste wurde aus hinduistischen, buddhistischen, griechischen, römischen, jüdischen, christlichen, islamischen und anderen Quellen zusammengestellt. Links von jeder Tugend erscheint ein Laster, das einem Mangel an dieser Tugend entspricht; rechts eine Laster aus Übermaß.

| Mangel | Tugend | Übermaß |
|---|---|---|
| Respektlosigkeit | **Achtung** | Ehrfurcht |
| Widerstand | **Akzeptanz** | Unterwürfigkeit |
| Falschheit | **Aufrichtigkeit** | Einfachheit |
| Unausgewogenheit | **Ausgeglichenheit** | Dumpfheit |
| Bedeutungslosigkeit | **Autorität** | Tyrannei |
| Erbarmungslosigkeit | **Barmherzigkeit** | Nachgiebigkeit |
| Gleichgültigkeit | **Begeisterung** | Manie |
| Unschlüssigkeit | **Beharrlichkeit** | Sturheit |
| Dreistigkeit | **Bescheidenheit** | Prüderie |
| Undankbarkeit | **Dankbarkeit** | Schuldgefühl |
| Eitelkeit | **Demut** | Selbsterniedrigung |
| Gedankenlosigkeit | **Diskretion** | Unschlüssigkeit |
| Chaos | **Disziplin** | Unversöhnlichkeit |
| Willfährigkeit | **Durchsetzungsvermögen** | Aggression |
| Verächtlichkeit | **Ehrbarkeit** | Biederkeit |
| Erniedrigung | **Ehre** | Hoffart |
| Falschheit | **Ehrlichkeit** | Naivität |
| Gleichgültigkeit | **Eifer** | Fanatismus |
| Uneinigkeit | **Einigkeit** | Einförmigkeit |
| Dummheit | **Einsicht** | Betulichkeit |
| Selbstbesessenheit | **Empathie** | Bestürzung |
| Unempfindlichkeit | **Empfindlichkeit** | Rohheit |
| Halbherzigkeit | **Engagement** | Obsession |
| Entschlusslosigkeit | **Entschlossenheit** | Sturheit |
| Unfähigkeit | **Erkenntnis** | Dogmatismus |
| Nachgiebigkeit | **Ernsthaftigkeit** | Strenge |
| Minderwertigkeit | **Exzellenz** | Perfektionismus |
| Voreingenommenheit | **Fairness** | Unschlüssigkeit |
| Unvermögen | **Findigkeit** | Opportunismus |
| Unbekümmertheit | **Fleiß** | Mühsal |
| Inflexibilität | **Flexibilität** | Geschmeidigkeit |
| Trauer | **Freude** | Dummheit |
| Feindseligkeit | **Freundlichkeit** | Aufdringlichkeit |
| Gottlosigkeit | **Frömmigkeit** | Bigotterie |
| Vernachlässigung | **Fürsorge** | Besorgnis |
| Frustration | **Geduld** | Passivität |
| Ungehorsam | **Gehorsam** | Sklaverei |
| Ungerechtigkeit | **Gerechtigkeit** | Autoritarismus |
| Gewalttätigkeit | **Gewaltlosigkeit** | Charakterlosigkeit |
| Bedeutungslosigkeit | **Gewichtigkeit** | Unnahbarkeit |
| Skeptizismus | **Glaube** | Fundamentalismus |
| Gottlosigkeit | **Gnade** | Scheinheiligkeit |
| Unterwürfigkeit | **Gleichmut** | Unbeirrbarkeit |
| Geiz | **Großzügigkeit** | Verschwendung |
| Grausamkeit | **Güte** | Nachsicht |
| Verschwenden | **Haushalten** | Sparsamkeit |
| Widerstand | **Hilfsbereitschaft** | Unterwürfigkeit |
| Teilnahmslosigkeit | **Hingabe** | Verblendung |
| Grobheit | **Höflichkeit** | Ehrerbietung |
| Verzweiflung | **Hoffnung** | Fantasie |
| Dumpfheit | **Humor** | Narrheit |
| Prinzipienlosigkeit | **Integrität** | Übergenauigkeit |
| Promiskuität | **Keuschheit** | Frigidität |
| Dummheit | **Klugheit** | Berechnung |
| Ungenauigkeit | **Konzentration** | Fixierung |
| Einfallslosigkeit | **Kreativität** | Abgehobenheit |
| Fundamentalismus | **Liberalität** | Permissivität |
| Kälte | **Liebe** | Anhänglichkeit |
| Verrat | **Loyalität** | Knechtschaft |
| Genusssucht | **Mäßigkeit** | Enthaltsamkeit |
| Genuss | **Mäßigung** | Selbstverleugnung |
| Gefühllosigkeit | **Menschlichkeit** | Überempfindlichkeit |
| Gleichgültigkeit | **Mitgefühl** | Sentimentalität |
| Feigheit | **Mut** | Leichtsinn |
| Falschheit | **Natürlichkeit** | Rücksichtslosigkeit |
| Desinteresse | **Neugierde** | Zudringlichkeit |
| Trunkenheit | **Nüchternheit** | Mäßigung |
| Abwehrhaltung | **Offenheit** | Wehrlosigkeit |
| Voreingenommenheit | **Objektivität** | Meinungslosigkeit |
| Verspätung | **Pünktlichkeit** | Überpünktlichkeit |
| Amoralität | **Rechtschaffenheit** | Moralismus |
| Unehrlichkeit | **Redlichkeit** | Selbstgerechtigkeit |
| Redefaulheit | **Redegewandtheit** | Geschwätzigkeit |
| Respektlosigkeit | **Respekt** | Ehrfurcht |
| Reuelosigkeit | **Reue** | Selbstvorwurf |
| Selbstsucht | **Rücksichtnahme** | Selbstlosigkeit |
| Dreistigkeit | **Ruhe** | Schüchternheit |
| Rauheit | **Sanftheit** | Verweichlichung |
| Schmutz | **Sauberkeit** | Sterilität |
| Komplexität | **Schlichtheit** | Faulheit |
| Hässlichkeit | **Schönheit** | Prunk |
| Zügellosigkeit | **Selbstbeherrschung** | Inflexibilität |
| Selbstzweifel | **Selbstvertrauen** | Arroganz |
| Egoismus | **Service** | Vasallentum |
| Verschwendung | **Sparsamkeit** | Geiz |
| Trägheit | **Spontanität** | Launenhaftigkeit |
| Unbeständigkeit | **Standhaftigkeit** | Inflexibilität |
| Schwäche | **Stärke** | Brutalität |
| Trägheit | **Strebsamkeit** | Ekstase |
| Indiskretion | **Takt** | Furcht |
| Vorurteil | **Toleranz** | Laxheit |
| Verstrickung | **Unabhängigkeit** | Abschottung |
| Unreife | **Verantwortung** | Haftung |
| Unbarmherzigkeit | **Vergebung** | Nachsicht |
| Leblosigkeit | **Vitalität** | Manie |
| Korruption | **Unschuld** | Verletzlichkeit |
| Argwohn | **Vertrauen** | Arglosigkeit |
| Rücksichtslosigkeit | **Vorsicht** | Schüchternheit |
| Unehrlichkeit | **Wahrhaftigkeit** | Taktlosigkeit |
| Unwissenheit | **Weisheit** | Gelehrtheit |
| Geiz | **Wohltätigkeit** | Verzicht |
| Feindseligkeit | **Wohlwollen** | Überfürsorge |
| Gewissheit | **Wunder** | Verwirrung |
| Zerbrechlichkeit | **Zähigkeit** | Hartnäckigkeit |
| Ziellosigkeit | **Zielstrebigkeit** | Besessenheit |
| Unzufriedenheit | **Zufriedenheit** | Selbstzufriedenheit |
| Maßlosigkeit | **Zurückhaltung** | Unterdrückung |
| Uneinigkeit | **Zusammenarbeit** | Abhängigkeit |